地方で建築を仕事にする

日常に目を開き、耳を澄ます人たち

編　五十嵐太郎

著　丸田絢子
藤野高志
岩月美穂
水野太史
蟻塚学
蒲地史子
島津臣志
齋田武亨
本瀬あゆみ
水谷元
佐藤欣裕
岡昇平
芳賀沼整
片岡八重子
奥谷繁礼
辻琢磨

学芸出版社

Contents

多方位の経験を積み重ねる ……10
丸田絢子／(株)丸田絢子建築設計事務所

とりまく世界に目を向けて ……28
藤野高志／生物建築舎

スタディをくりかえす場所 ……45
岩月美穂／studio velocity 一級建築士事務所

建築をつくる、その面白く意義深い行為 ……62
水野太史／水野太史建築設計事務所

濁った作家性、それも気持ち良い ……79
蟻塚学／蟻塚学建築設計事務所

うちなーの建築を探して ……95
蒲地史子／久友設計(株)

何もない、理想の環境を見つけた ……109
島津臣志／島津臣志建築設計事務所

2拠点、どちらでも働き、生活する ……125
齋田武亨+本瀬あゆみ／本瀬齋田建築設計事務所

離島から世界を広げていく ……141
水谷元／atelier HUGE

気候のなかに答えがある ……156
佐藤欣裕／もるくす建築社

このまちで、にやにやしながら暮らす ……171
岡昇平／設計事務所岡昇平

限界集落から社会を考える──選択肢のない道を進むこと ……186
芳賀沼整／はりゅうウッドスタジオ

不動産×建築 身近な関係性から変えていく ……202
片岡八重子／(株)ココロエ一級建築士事務所

特殊解ではない、社会的な提案を孕《はら》む建築 ……218
奥谷繁礼／奥谷繁礼建築研究所

僕が浜松から学んだこと ……235
辻琢磨／403architecture [dajiba]

札幌市
弘前市
大仙市
南会津町
高崎市
富山市
東京都 文京区
京都市
岡山市
浜松市
能古島
岡崎市
常滑市
仏生山町
佐那河内村
うるま市

まえがき

フランスに5年、千葉に1年、金沢に12年住んだ後、大学で勉強するために上京した。建築を学びはじめてからずっと東京にいて、17年本拠地としたので、東京中心の視点になっていた。しかし、その後、名古屋で3年、仙台で11年教鞭をとり、日本地図の見え方が大きく変わった。東京が相対化され、東京以外の「地方」と呼ばれるエリアが、ただの訪問先ではなく、リアルな場所として視界に入るようになった。名古屋建築会議の立ち上げに関与したり、建築系の学生が自主運営するカフェ・ジーベックをサポートした。また愛知県には美術の豊かな環境があり、そうした縁からあいちトリエンナーレ2013の芸術監督をつとめた。東北大で同僚だった建築家の阿部仁史は、東京を飛ばして海外と直接複数のルートをもち、ロサンゼルスのUCLAの学部長に選出されて、渡米した。こうしたグローカルな感覚は、海外ではたらく若手建築家も共有するだろう。

メディアはほとんど東京一極集中である（本書を刊行している学芸出版社はめずらしく京都に拠点を置いているが）。しかし、自分が毎週のように移動するようになり、その不自然さを感じるようになった。東京は本当に東京以外を見ているのか、と。とくに東北住宅大賞の審査に関わり、改めて東北の広さ、各地の違い、東京の住宅にはない固有のテーマ、そしてどこを訪れても現地で出会うさまざまな建築家の存在を痛感した。３・11の後、東京の建築家の支援プロジェクトはメディアで華々しく紹介されるのに、地元だからこそできる現地の建築家の粘り強く、手厚い行動がほとんどとりあげられない状況にも疑問を抱いた。インターネットが普及した現在、ビジュアルだけなら、各地の情報を簡単に入手できるだろう。だが、建築の空間体験や周辺の環境は、メディア向けの写真だけではすべて伝わらないし、また建築家のはなしを聞いてみないとわからないことが少なくない。

だからこそ、本書では読み物として、東京ではない場所に暮らしている建築家のそれぞれのストーリーを語ってもらった。場所の数だけ物語は存在する。本書では、沖縄から北海道まで、さまざまな地域において15組の建築家が、UターンやIターンなどを経験し、自分が地に足をつけている生活圏のコミュニティと密接な関わりを築きながら活動している。空き家やリノベーションの仕事が目立つのは、現代日本の時代の趨勢がよく反映されているからだろう。これは特殊な事例ではなく、日本各地で共有可能な問題だ。そこに人がいて、暮らす意思があれば、どこでも仕事はできる。とくに建築家は、ほかのクリエイターに比べて、できあがったモノが動かない、土地に根ざしたものになるから、そこにいることの意義は大きい。近年、少子高齢化、財政難、「地方消滅」など、暗い話題が多いが、日本全国津々浦々に、彼らのような建築家が増えたら、未来はそう悪くないかもしれない。

2016年7月

五十嵐太郎

藤野高志《ふじの・たかし》

生物建築舎

生まれた年／1975年

出身地／群馬県高崎市

日本での最終学歴／
東北大学大学院 都市・建築学専攻博士前期課程

主な修行先／清水建設、はりゅうウッドスタジオ

独立した年・都市／2006年・高崎市

現在進行中のプロジェクト／
鹿手袋の蔵改修、藤岡の蔵改修、北関東の住宅

普段の勤務時間・週休／10:00〜・日曜休

休日の過ごし方／その日ごと

事務所の家賃／86,400円

好きな（尊敬する）建築家／
リチャード・バックミンスター・フラー

今後訪ねてみたい都市／フィンランド湖水地方

（撮影：ぐんじえみ）

丸田絢子《まるた・あやこ》

（株）丸田絢子建築設計事務所

生まれた年／1978年

出身地／新潟県長岡市

日本での最終学歴／
東京芸術大学大学院美術研究科建築専攻

主な修行先／青木淳建築計画事務所

独立した年・都市／2006年・東京

現在進行中のプロジェクト／住宅、店舗、展覧会会場構成

普段の勤務時間・週休／9:30〜17:00・週休2日

休日の過ごし方／ガーデニング、森でデイキャンプ、
旬の農・海産物を食べにドライブ

事務所の家賃／なし（自宅兼事務所）

好きな（尊敬する）建築家／ルドルフ・シンドラー

今後訪ねてみたい都市／ライバルである博多&九州を
じっくり視察したい

水野太史《みずの・ふとし》

水野太史建築設計事務所

生まれた年／1981年

出身地／愛知県常滑市

日本での最終学歴／
京都工芸繊維大学造形工学科建築コース

主な修行先／特になし

独立した年・都市／2009年・常滑市

現在進行中のプロジェクト／
水野製陶園旧社宅改修工事、S邸新築工事、K邸改修工事、
亀崎「大坂」休憩所、湿式タイル開発など

普段の勤務時間・週休／10:00〜20:00・不定休

休日の過ごし方／臨機応変

事務所の家賃／なし（自宅兼事務所）

好きな（尊敬する）建築家／吉阪隆正

今後訪ねてみたい都市／イスファハン

（撮影：Meiro Ogawa）

岩月美穂《いわつき・みほ》

studio velocity 一級建築士事務所

生まれた年／1977年

出身地／愛知県岡崎市

日本での最終学歴／
工学院大学大学院工学研究科建築学専攻

主な修行先／石上純也建築設計事務所

独立した年・都市／2006年・岡崎市

現在進行中のプロジェクト／
連棟の家、美浜町営住宅河和団地

普段の勤務時間・週休／9:00〜・週休1日

休日の過ごし方／子どもと過ごす

事務所の家賃／なし（自宅兼事務所）

好きな（尊敬する）建築家／
石上純也、妹島和世、西沢立衛、伊東豊雄

今後訪ねてみたい都市／スリランカ

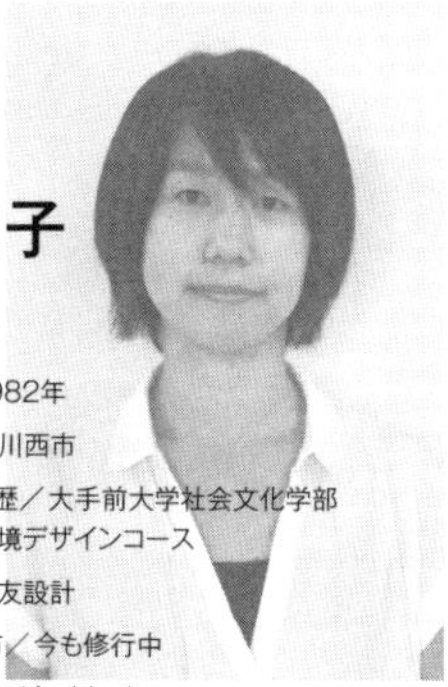

蒲地史子《かまち・ふみこ》

久友設計(株)

生まれた年／1982年

出身地／兵庫県川西市

日本での最終学歴／大手前大学社会文化学部
人間環境学科環境デザインコース

主な修行先／久友設計

独立した年・都市／今も修行中

現在進行中のプロジェクト／
沖縄県総合運動公園クラブハウス

普段の勤務時間・週休／8:30〜・週休1日

休日の過ごし方／おうちの片づけ

事務所の家賃／—

好きな(尊敬する)建築家／ジェフリー・バワ、國場幸房

今後訪ねてみたい都市／スリランカ

蟻塚学《ありつか・まなぶ》

蟻塚学建築設計事務所

生まれた年／1979年

出身地／青森県弘前市

日本での最終学歴／広島大学工学部第四類

主な修行先／三分一博志建築設計事務所

独立した年・都市／2008年・弘前市

現在進行中のプロジェクト／
弘前の賃貸住宅、横手の住宅ほか

普段の勤務時間・週休／9:00〜19:00(事務所)、
4:00〜6:30(自宅)・日曜休

休日の過ごし方／
子どもと遊ぶ、子どもの野球部コーチなど

事務所の家賃／なし(自宅兼事務所)

好きな(尊敬する)建築家／ピーター・ズントー

今後訪ねてみたい都市／メキシコシティ、イスファハン

(撮影:成田亮)

齋田武亨《さいた・たけゆき》

本瀬齋田建築設計事務所

生まれた年／1979年

出身地／茨城県茨城町

日本での最終学歴／東海大学大学院工学研究科

主な修行先／隈研吾建築都市設計事務所

独立した年・都市／2015年・富山市

現在進行中のプロジェクト／某ディーラー改修

普段の勤務時間・週休／10時間・不定休

休日の過ごし方／滝を見に行く

事務所の家賃／20,000円

好きな(尊敬する)建築家／スティーブン・ホール

今後訪ねてみたい都市／プエルト・イグアス

島津臣志《しまづ・たかし》

島津臣志建築設計事務所

生まれた年／1979年

出身地／徳島県徳島市

日本での最終学歴／
専門学校穴吹カレッジ 建築デザインコース

主な修行先／建築設計事務所蔵、内野設計

独立した年・都市／2012年・徳島市

現在進行中のプロジェクト／Food Hub Project(神山町)
のベーカリー&グロサリー棟及び全体監理

普段の勤務時間・週休／8:00〜18:00・日曜休

休日の過ごし方／子どもと遊ぶ、陶芸、旅行

事務所の家賃／38,000円(住宅部分も含む)

好きな(尊敬する)建築家／ピーター・ズントー

今後訪ねてみたい都市／バーゼル

水谷元《みずたに・はじめ》

atelier HUGE

生まれた年／1981年

出身地／兵庫県神戸市

日本での最終学歴／
九州産業大学工学部建築学科（中退）

主な修行先／GU計画研究所、Cadis＋風建築工房

独立した年・都市／2011年・福岡市

現在進行中のプロジェクト／
Mアパートメント新築工事、K邸リノベーションなど

普段の勤務時間・週休／9:30〜17:30・週休2日

休日の過ごし方／読書、散歩、掃除、飲食など

事務所の家賃／なし（自宅兼事務所）

好きな（尊敬する）建築家／槇文彦、村野藤吾、水谷頴介

今後訪ねてみたい都市／
EU離脱後のロンドン、カナダのバンクーバー

本瀬あゆみ《もとせ・あゆみ》

本瀬齋田建築設計事務所

生まれた年／1980年

出身地／青森県弘前市

日本での最終学歴／東京工業大学大学院理工学研究科

主な修行先／
藤本壮介建築設計事務所、隈研吾建築都市設計事務所

独立した年・都市／2011年・東京

現在進行中のプロジェクト／K邸改築・外構

普段の勤務時間・週休／10時間・不定休

休日の過ごし方／サイクリング、図書館

事務所の家賃／75,000円

好きな（尊敬する）建築家／フランク・ゲーリー

今後訪ねてみたい都市／ポートランド

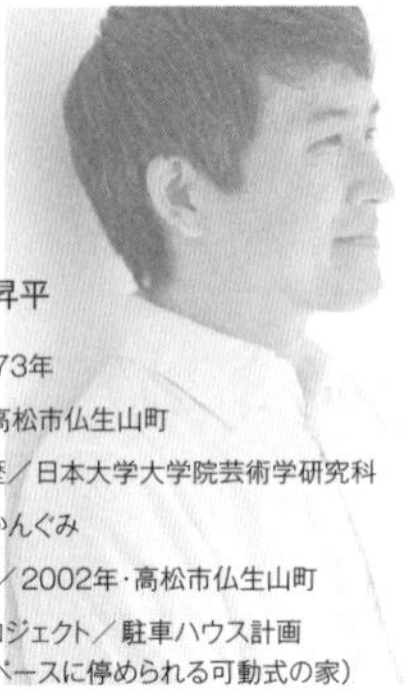

岡昇平《おか・しょうへい》

設計事務所岡昇平

生まれた年／1973年

出身地／香川県高松市仏生山町

日本での最終学歴／日本大学大学院芸術学研究科

主な修行先／みかんぐみ

独立した年・都市／2002年・高松市仏生山町

現在進行中のプロジェクト／駐車ハウス計画
（1台分の駐車スペースに停められる可動式の家）

普段の勤務時間・週休／不定休

休日の過ごし方／読書

事務所の家賃／なし（自己所有）

好きな（尊敬する）建築家／みかんぐみ

今後訪ねてみたい都市／ワイキキ

（撮影：Shinichiro Oroku）

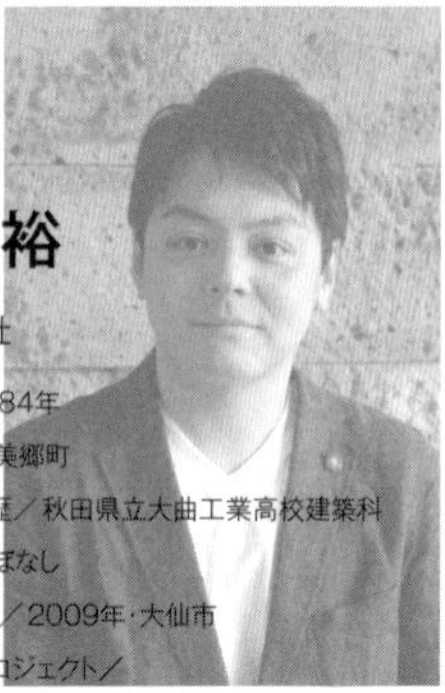

佐藤欣裕《さとう・やすひろ》

もるくす建築社

生まれた年／1984年

出身地／秋田県美郷町

日本での最終学歴／秋田県立大曲工業高校建築科

主な修行先／ほぼなし

独立した年・都市／2009年・大仙市

現在進行中のプロジェクト／
多賀城の家、中通店舗改修、雨水冷房の実験など

普段の勤務時間・週休／10時間・月2日

休日の過ごし方／寝る、たまに温泉

事務所の家賃／なし（自己所有）

好きな（尊敬する）建築家／ヘルマン・カウフマン

今後訪ねてみたい都市／チロル地方

片岡八重子《かたおか·やえこ》

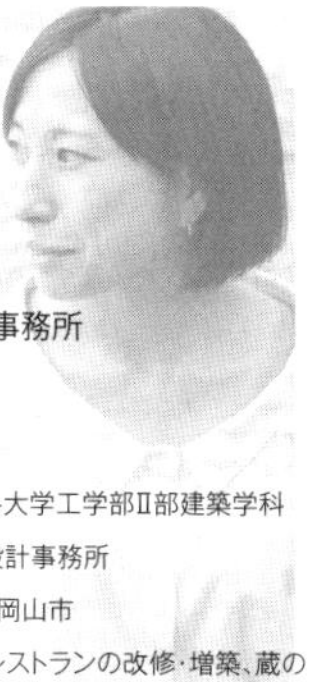

(株)ココロエ一級建築士事務所

生まれた年／1974年

出身地／千葉県流山市

日本での最終学歴／東京理科大学工学部Ⅱ部建築学科

主な修行先／岡村泰之建築設計事務所

独立した年·都市／2008年·岡山市

現在進行中のプロジェクト／レストランの改修·増築、蔵の移築、空き家を再生したまちのラウンジづくり、商店街の空きビル再生、移住者のためのお試しハウス、旧醤油屋の改修、住宅·事務所の新築、リノベーション

普段の勤務時間·週休／9:30〜·不定休

休日の過ごし方／
家事、夫実家の農作業の手伝い、読書、イベント参加

事務所の家賃／54,000円

好きな(尊敬する)建築家／
レム·コールハース、石山修武、アルヴァロ·シザ、妹島和世

今後訪ねてみたい都市／東南アジアの都市

芳賀沼整《はがぬま·せい》

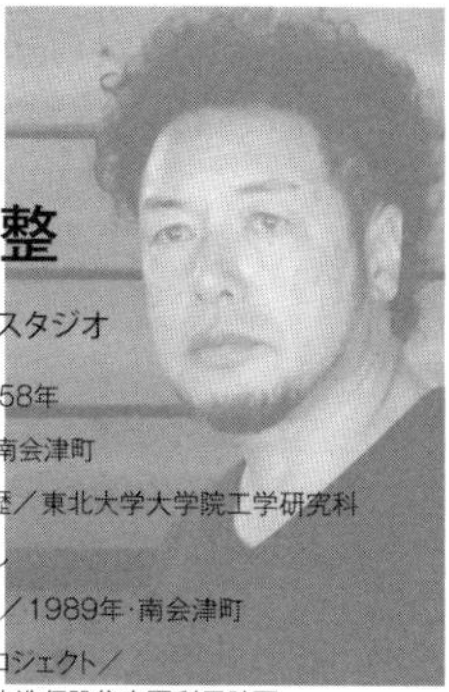

はりゅうウッドスタジオ

生まれた年／1958年

出身地／福島県南会津町

日本での最終学歴／東北大学大学院工学研究科

主な修行先／なし

独立した年·都市／1989年·南会津町

現在進行中のプロジェクト／
浪江町復帰拠点木造仮設住宅再利用計画

普段の勤務時間·週休／不定休

休日の過ごし方／私用

事務所の家賃／なし(自己所有)

好きな(尊敬する)建築家／難波和彦

今後訪ねてみたい都市／函館市

辻琢磨《つじ·たくま》

403architecture [dajiba]

生まれた年／1986年

出身地／静岡県浜松市

日本での最終学歴／
横浜国立大学大学院建築都市スクールY-GSA

主な修行先／Urban Nouveau*

独立した年·都市／2011年·浜松市

現在進行中のプロジェクト／
あいちトリエンナーレ出展作品〈PUBROBE(パブローブ)〉※西尾美也と協同、磐田の住宅改修、京都の連棟長屋の一部建替え

普段の勤務時間·週休／生活と仕事が完全に混ざっている

休日の過ごし方／旅行

事務所の家賃／50,000円

好きな(尊敬する)建築家／フィリップ·バレストラ

今後訪ねてみたい都市／リオデジャネイロ

(撮影:aokiharuka)

魚谷繁礼《うおや·しげのり》

魚谷繁礼建築研究所

生まれた年／1977年

出身地／兵庫県尼崎市

日本での最終学歴／京都大学大学院工学研究科

主な修行先／—

独立した年·都市／気が付けば·京都市

現在進行中のプロジェクト／
御所西の宿群、きんせ旅館アネックス、第二西菊、旧青山家住宅+湯堂、織田家住宅

普段の勤務時間·週休／10:00〜·不定休

休日の過ごし方／旅行

事務所の家賃／140,000円

好きな(尊敬する)建築家／—

今後訪ねてみたい都市／ジョードプルとシャウエン

10

多方位の経験を積み重ねる

–北海道 札幌市

丸田絢子

(株)丸田絢子建築設計事務所

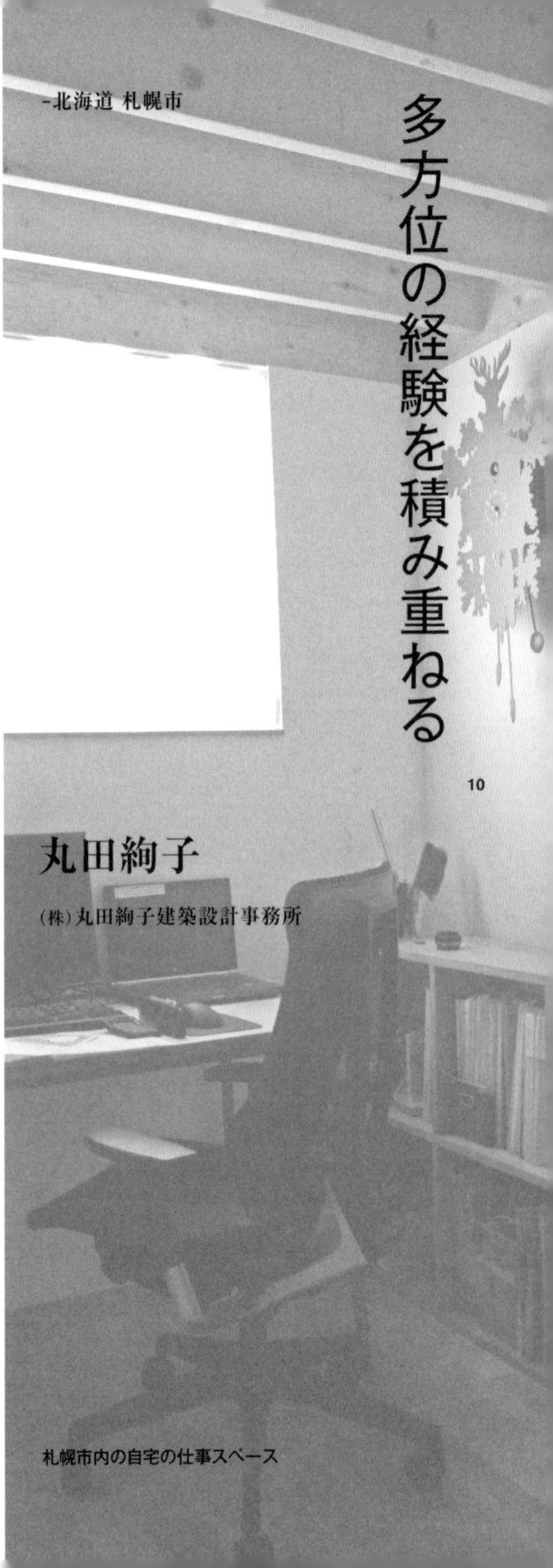

札幌市内の自宅の仕事スペース

想像していた未来とは違う。でも…

２０１6年5月。半年間の産育休から復帰して、ひと月が経った。

札幌に来て7年目、子育ての合間を縫って始めた活動が、ようやくフルタイムに近くなった。

今手がけているのは、住宅と店舗の設計。それにＮＰＯ法人での自主企画を策定中だ。毛色の違う複数の仕事、加えて3人の子どもたちの行事参加もあったりするので、日々やることの振れ幅が大きい。仕事時間は午後5時まで。限られた時間を効率的に使い切るため、自宅の机で仕事に向かう。

10年前東京で、昼夜を問わず建築に向き合ってい

たのがうそのようだ。

「お家で仕事ができるなんていいね。私も建築を専攻すればよかった」

夫の札幌転勤を機に離職したママ友はしみじみとつぶやいた。彼女の前職はプラスチックの研究開発だ。

「いやいや、建築デザインって言ったら、クリエイティブ産業屈指のブラックな…」とくとくと語りたくなるけれどやめておく。想像していた未来とはずいぶん違うが、意外に気に入り始めた現状。ここに至る経緯を振り返ってみる。


大学から大学院、青木淳建築計画事務所勤務と独立

私は、父の勤務先であった新潟で生まれ、2歳から高校までは山形で過ごした。地縁者との関わりが少ない核家族環境だった。高校では理系コースに進んだものの、テストの点数以上の興味が理系科目にあったわけではなく、一番理系に遠そうな学科、という理由で隣県にある東北大学建築学科へと進んだ。絵や工作好きの私には設計課題は楽しいばかりで、成績もよいほうだったのが勘違いの始まりだった。もっと自分の力を試してみたいと親に願い出、さらに環境を変えて気合を入れようと、東京藝術大学の大学院に進んだ。

しかし、望んでいたはずの環境の変化は、甘いものではなかった。美術大学出身者たちは、自己表現の確立という明確な目標を持って邁進していた。知識も行動力も思考の深度も、太刀打ちできなかった。与えられた問題を解いていればよいという進学校量産型の私には、「創造」に対する覚悟がまったくなかったのだ。今さらながら自己の模索に奮闘して2年、修了設計ではなんとかよい評価を得たが、その時点で就職先は決まっておらず、喜びよりも先行きの不安に涙した修了式だった。渋谷区神宮前にあった青

（前頁）5年間過ごした賃貸マンションからの景色。マンションが乱立する札幌駅から徒歩10分内の中心部だが、北側は広大な北大構内を望める。都市と自然が共存する街

木淳建築計画事務所で試用機会を得たのは、4月も下旬になってから。3か月後、正式に採用してもらうことができた。

青木事務所の人事システムは独特だった。4年をめどにした期限付きの採用であること。1人1プロジェクト担当制で、中間管理職なしのフラットな組織であること。

経験なし、自信なし、独立までのタイムリミットが所員たちを駆り立てる。「子を谷に落とす」育成方法だ。

スタッフたちは、自身の感性に基づいた表現提案ができ、かつ、その表現をよいと思う根拠を説明できることが求められた（ように思う）。それができないと判断されたものは経歴やその他の能力に関わらず解雇を言い渡された。新人スタッフの意見にも、青木さんは常に真剣に耳をかたむけ、驚くような柔軟さで提案を取りこんでいく。「どうすればよいと思う?」「なんでそれがいいと思うの?」青木さんとの問答は、常に真剣勝負だった。

素晴らしい施主、有能な現場チームに恵まれた私は、順調に実施、竣工を経験していった。進学校量産型ならではのマネージメント能力の高さも実務では生きた。だが、青木さんの愛の鞭は容赦がなかった。

「丸田さんはもう大丈夫。3年で卒業だね」

のちに「飛び級した」と称される私の、1年早い卒業が決定した。

2006年5月、私は東京で設計事務所を設立した。独立初期を支えてくれた

青木事務所時代の担当物件〈JIN CO., LTD.〉の工事現場（2006）

のは、青木事務所勤務時代に出会った人たちだった。

施主の方々だけではない。施工者、クライアント企業の元社員、アートディレクター、編集者など、依頼主になるとは思わずに関わっていた方々からもご用命いただけたことは、なによりもうれしいことだった。

もちろん、多くの若手にめぐってくる仕事同様に、厳しい条件の案件が多かった。けれど、どんな条件のなかにも、クライアントの要望を上回り、社会への提言を含めたデザインを生むヒントはある。その小さな隙を見つけて広げるために、必死で仕事に取り組んだ。

頑張り続ければ、いつか次のステップが見えてくるはず。そう信じながら仕事を積み重ねている矢先、転機は望まない形でやってきた。

装苑 PAPER FANTASY会場デザイン（2007 ©阿野太一）

〈DAIRY FRESH STORE〉（2007 © 阿野太一）

札幌へのIターン

夫が札幌で家業を継ぐことになったのだ。小さなエンジニアリングの会社を経営していた義父の病気がきっかけだった。

1年ほど前に入籍した夫は、サラリーマンとして地方支社に出向中で、東京で事務所を構えた私とは、当初から別居婚であった。

夫はもともと、家業を継ぐことを考えていなかった。しかし、義父と同業の技術職にたどり着いていたこともあり、夫婦で話し合った結果、仕事を引き継ぐことを決めた。

義父は病気発見から7か月後に亡くな

った。夫が義父の会社に入った4か月後のことだった。

義父が亡くなった後も、私の重い気持ちは続いた。独立して、なんとか仕事ができる環境が整ったときだった。けれど東京で仕事を続けるかぎり、いつまでも夫と暮らせない。仕事をやりくりし、東京札幌間を往復する生活に、じわじわと気力がそがれていった。

追い打ちをかけるように検診で疾患が見つかり、簡単な手術を受けることになった。いつかは子どもを持つという、ぼんやりとした将来像が脅かされたことで、気持ちは大きく傾いた。

決断を後押ししたのは、生前の義父の姿だった。仕事人間の義父であったが、最期が近づくにつれて、仕事の話はしたがらなくなった。一方、2人の息子が自分に似ていることに気付いたときは、満足げな笑顔を見せた。

死が迫りくるなかでも、心を癒し人生の意味を感じさせてくれる存在。

そんな家庭を私もつくれるのだろうか。

家庭もキャリアも、一から立て直そう。

2009年の春、私は事務所の法人登記とともに、札幌に完全移転した。

主婦からの再出発

幸いだったのは、札幌移転を決めてすぐ子どもを授かることができたことだ。札幌生活は産育休期間のような形で始まった。が、仕事を再開するめどはまったくない。友達すらいないのである。

買い物に出かけても、一言も口を開かず帰宅する日々。児童館にも行ってみるが、お母さんの輪に入れない。肩書きに頼れないママ社交界。女子力を磨いてこなかった人生を今さら悔いた。

赤ちゃんが寝てしまうと、家は雪が降る音が聞こえてきそうな静けさに包まれる。

やばい。私、今、社会から孤立している。半年前まで気鋭の若手として、メディアでも取り上げられる存在だったのに…ものすごいギャップだ。

子どもが誕生すれば、手取り足取りいろんな人が助けてくれると思っていた。しかし、母子が引きこもっている家に支援が勝手に届くわけではなく、対象期間が過ぎたころに存在を知る支援も多かった。

孤立状態を解消したきっかけは、子どもが11か月になるころに入会した子育てサークルだった。活動は週に1回、日時を決めて公園遊びをするだけ。冬は氷点下の気温のなか雪遊びに励む。20家族ほどの小さなサークルであるが、お母さんたちが引き継ぎながら20年以上継続してきたらしい。

児童館と違い、固定したメンバーと関係を深められるのがよかった。子ども同士のけんかも、サークルのメンバー同士であれば寛容に対処してくれる。

〈Suspended Figure〉DIESEL DENIM GALLERY AOYAMA
ストアインスタレーション（2008 © 首藤幹夫）

子どもの見守りをメンバー間で分担することができたので、ようやく大人同士の会話や情報交換する時間が得られた。

サークルには5年間在籍し、年間リーダーを2回務めた。わずかな予算でもできることはいろいろあった。無料で実施できる消防署見学。児童館の資源ごみで部屋いっぱいの段ボールパーク。公園で紙飛行機大会、小川で水遊び、お寺の広間で体操教室。

札幌国際芸術祭２０１４のプログラム「とくいの銀行」とのコラボイベントも開催した。知事公館の芝生広場で、トイピアノと三線によるピクニックコンサート。場所や人といった地域資源を生かすことを、遊びながら学んだ。

市民活動への挑戦

札幌生活も2年を過ぎたころ、北海道在住の若手建築家たちと会食する機会があった。

「あの場所、うまくデザインすれば絶対人気出るよね」

勝手な地域活性化案で盛り上がる。そんななか、NPO法人に勤務する同席者が突然口を開いた。

「そんなに素晴らしいアイディアがあるなら、やってみれば」

そして、内閣府が主催している社会的起業支援コンペを紹介してくれたのだ。

みな事業主になる気などなかったのだが、引っ込みがつかなくなっていた。「1人1案コンペに応募しよう!」と高らかに約束して、散会となった。

次の日から私は頭をひねり始めた。事業計画書や収支計画書を書くのは初めての経験だった。取り急ぎ建築が必要な事業は思い浮かばない。構想は産後、社会から孤立した経験から生まれた。

児童虐待のニュースが流れるたび、孤立が続けば私だってどうなっていたか…と思う瞬間がある。誰もが陥る可能性のある産後・育児中の孤立を緩和し、お母さんたちが社会につながるきっかけをつくりたいと考えた。

食事会メンバーからは、私を含めて2人が実際にコンペに応募した。最終審査を経て、私の提案した事業が採択された。事業採択を機に、私は地域資源活用を目的としたNPO法人を設立した。そして子育て支援情報付の育児カレンダーを、出産直後に産婦人科で配る事業を始めた。

赤ちゃんを抱え、情報取得にもコミュニティーづくりにも身動きが取りづらいお母さん方のそばで、手助けになるようなものを贈りたかった。カレンダーの絵は、社会福祉法人「ともに福祉会」利用者さんの作品を使った。このアートの魅力や活用法を広めることは事業のもうひとつの目的だった。

市や民間団体の子育て支援情報を横断的に集め、巻末の情報ページにわかりやすくまとめた。母乳育

（上）札幌国際芸術祭2014「とくいの銀行」引出イベント。子どものためのピクニックコンサート（2014）
（下）子育て支援情報を掲載した育児カレンダー「Baby Calendar」

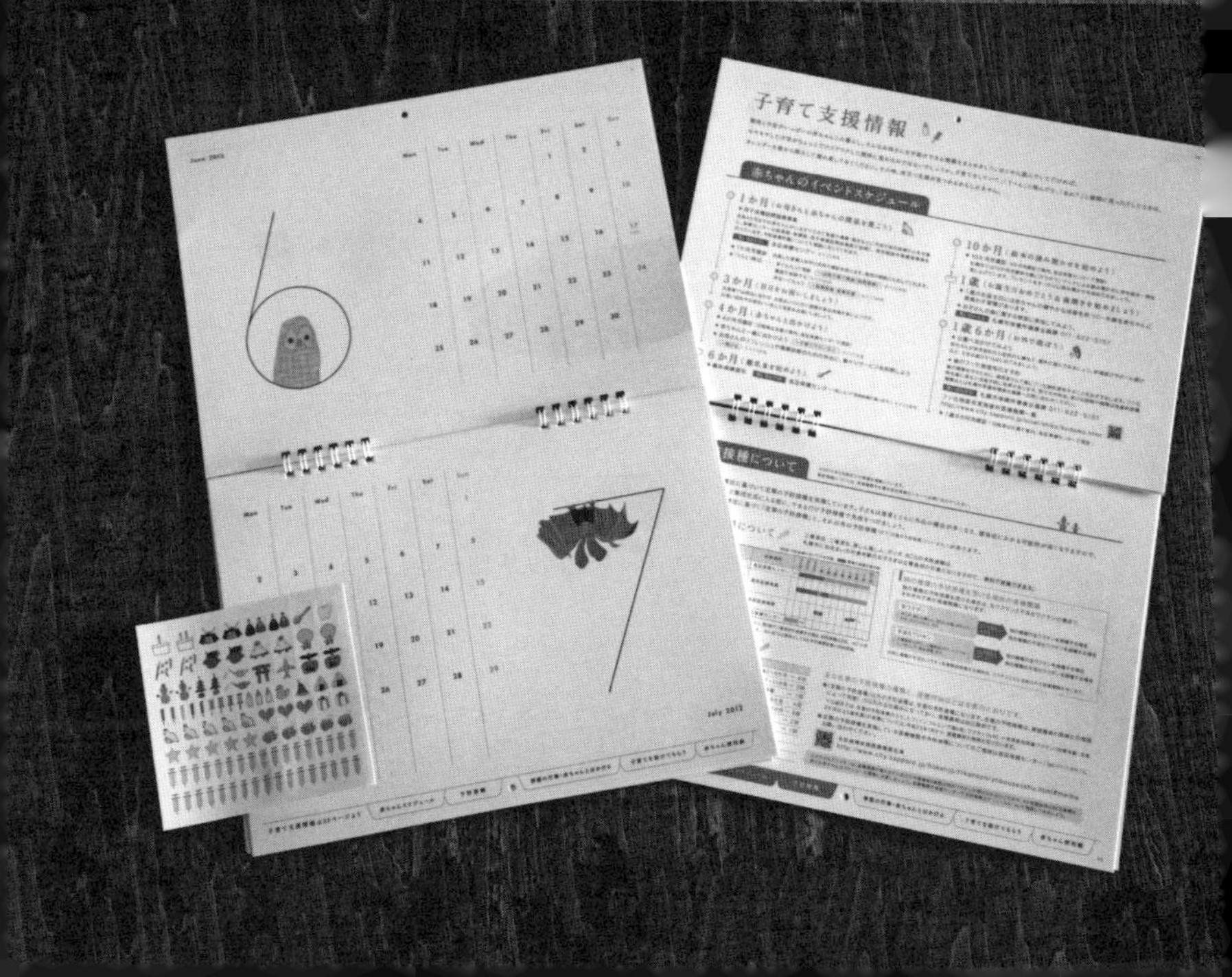
子育て支援情報

児、離乳食、発達の不安は断定的な発信が難しい。そういった情報は、地域の有識者と協力してコラム記事をつくった。

大変なのは資金繰りと協力関係各所との調整である。スポンサー獲得のための電話営業と会社訪問。補助金取得に伴う応募書類と報告書作成業務。産婦人科への配布協力依頼、事業の説明。設計活動期には考えられないほど方々に頭を下げ続けた。理解のある協力者に支えられた一方、ひどいあしらわれ方をされたこともあった。

カレンダーは、3年間、合計1万3千部ほど配布した。産院でカレンダー配布が実施されてなかったからと、郵送配布を希望する人も多かった。イベント開催や授乳スペースエリアガイド制作などの付随活動も生まれた。

私自身と地域との関係も強まった。メディアへの出演、大学、企業、市民団体との連携、母子で1年間モデルを務めた小学校の総合学習授業「赤ちゃんってすごい」、地下鉄のベビーカー利用普及アドバイザー。地元テレビ局で番組審議委員も務めている。

（上）〈札幌国際芸術祭 2014 インフォメーションセンター〉青木淳さんと協働で空間構成アドバイザーを務めた（2014 © 藤倉翼）／（下）〈KINOTOYA BAKE 札幌駅東口店〉（2012 © 藤倉翼）

設計活動の再開――地域アイデンティティーを考える

設計活動再開のきっかけも自主事業だった。カレンダーデザインを依頼したアートディレクター鎌田順也さんとの協働。札幌の老舗洋菓子店の新業態〈ＫＩＮＯＴＯＹＡ　ＢＡＫＥ〉の店舗設計である。

ＪＲ札幌駅改札前で、商品はチーズタルト1品のみという挑戦的な業態だ。北海道の新鮮な材料を使った品質をいかに伝えるか。設計と業態開発が並行するプロジェクトだった。

店舗の核としたのは、製菓作業である。ガラスファサードのなかには床からバックヤードまで死角のない製造工房。ファサード直近に置いたステンレスカウンターの上でタルトが製菓・焼成される。通行

札幌国際
芸術祭2014
都市と自然
INFORMATION
CASHIER
OFFICIAL SHOP

KINOTOYA BAKE
KINOTOYA
BAKE

人の目の前の、少しの汚れも許されない環境。運営側はぴかぴかの店舗を維持し、丁寧な製菓作業で品質の高さをアピールする。パティシエ服のデザイン、清掃方法、製菓オペレーションまでが空間デザインと一体として議論された。迎えた開店直後、店には記録的な長蛇の列ができ、その後3年以上にわたり売り上げを伸ばし続けた。今では北海道を代表するスイーツのひとつとなっている。

〈KINOTOYA BAKE〉では札幌のアイデンティティーとはなにか考えた。札幌単独で成立するのではなく、北海道の豊かな資源に付加価値を付けることが、札幌の役割のように感じた。それが、「品質を可視化する」空間デザインに繋がった。

建築という地域資源

私の身近なところにも北海道が誇る資源がある。高度な温熱環境技術を持った建築業界である。北海道建築界は厳しい環境に対抗するため、研究、行政、施工、設計の垣根を越えて情報を共有し、トライアンドエラーを繰り返しながら技術を高めてきた。

２０２０年の省エネルギー基準義務化にむけ、ようやく対応が本格化した地域も多いが、北海道における温熱環境技術は、設計、施工ともに完成に近い。

これからの北海道建築の目標は、建設費高騰に対応しながら廉価に高性能な空間を供給すること、おざなりにされてきた建築景観の向上、地域建築としての特色や豊かさの追求だと考えている。

成熟期を前にした北海道建築に対して、新参者の私ができることはあるのか。私は北海道の建築技術を学ぶのと並行して、風土性を確立した過去の日本建築を研究した。そんななか、建築史家の後藤治氏による「習作と型破りの建築史」という文章に心を打たれた。優れた日本建築には、従来の型の完成度を極めた「習作」と、型を破ることで完成した「型破り」があるという内容だった。型破りの傑作のほうが、後世の人を魅了する力が強いのかもしれない…後藤氏は続ける。「しかし、多くの建築家は、型に習うことをせず、型を破ることばかりに力点を置いている。この結果、現代の作品は、型としての本当の完成度を高める前に破られてしまい、その姿が見えにくくなってしまっているのではないだろうか。」

型破りの建築設計に慣れ親しんできた私だったが、北海道建築の次なる発展には、型習いが有効なのではないかと考えた。そして、北海道のベテラン建築家、小室雅伸氏の仕様を習って自邸を設計してみたいと考えた。

突拍子もない申し出だったが、小室氏や氏の協力メーカー・工務店は、私の意図を喜んでくれた。

ローコスト、機能・性能向上に徹する小室氏が手がけた平屋の特徴は、木造のフラットルーフが大きく張りだし、建物外周にカーポートや軒下空間をつくることだ。軒天には、1・4mの積雪荷重に耐えるための大きな集成梁と垂木が露わになっている。この様式のなかには、除雪労力軽減、内外の断絶の緩和、日射調整、屋外アクティビティーの誘発など、札幌の課題に対処する工夫が組み込まれている。

個を超えて継承される文化

小室氏の様式に私独自の感性と改変を加えたのが〈札幌の平屋〉である。

屋根垂木を鼻隠しで押え、見附を細めることで、軒の先の空間を建築に引き込む。鼻隠しは簾や植栽をかけたり、保存食を干したりと、半屋外空間を生活に取り込むためのフックでもある。

構造現しの軒天、鼻隠し、それに黄土色のトップコートを塗った外張り断熱材。この三つがつくり出す外観は、訪問者に「和風」と評される。特に高齢者の方々からは評判がよく、通りがかりの人々が立ち止まってお褒めの声をかけてくれる。

しかし、「和風」とはなんなのだろうか。長らく高断熱住宅の試みは、伝統工法を守る実務者たちからは批判され、その他多くの設計者、研究者からは軽視されてきた。北海道の実務者たちは度重なる論争に辟易し、外部への発信を控えて自己鍛錬に向かったと聞く。日本が建築環境後進国となった一因かもしれない。

伝統的な建材・工法を採用していない〈札幌の平屋〉が、文化的アイデンティティーを喚起したとすれば、それは色、素材、形などの「取扱いの文化」を継承しているからだろう。「取扱いの文化」は、技術革新の中にも継承できる。さらに言えば、近代以前、建築文化継承の核であったのは、実務者たちが最善と思う技術・知識を引き継ぎ更新する無形の行為であったのではないだろうか。

２０１５年に行われた建築学会北海道支部作品発表会では、〈札幌の平屋〉の他に、軒下空間の可能性を示す建築が数作発表され、発表後のシンポジウムでも議論された。共通点は断熱ラインの外側に中間領域をつくっていることだ。先の世代は断熱境界内につくったサンルームで、温湿度調整に苦心してきた。その経験から得た知識は、次の世代に引き継がれている。

（上）〈札幌の平屋〉(2014 © 藤倉翼)
（下）〈札幌の平屋〉冬

「生活の実験」――建てた後の暮らしの話

建てることより興味があったのは、家が建った後、そのなかで育つ暮らしの質だ。〈札幌の平屋〉は、外皮平均熱貫流率ＵＡ値０・28（Ｗ／㎡・Ｋ）相当すき間面積Ｃ値０・3（㎠／㎡）。熱交換器なしの第三種換気。北海道の高断熱高気密住宅としては、中の上くらいのスペックだろうか。しかし、それだけではない。様式に組み込まれている気候風土への対応とシンプルを極めた設備が、住宅維持管理、家事労働

札幌301
83-72

といった負担の軽減、健康への貢献など、数値化しきれない価値を住み手に与える。

穏やかな空気は、1年を通して快適な温湿度で家を包む。体の芯までリラックスする体感の影響は、生活スタイルから体質改善にまでに及んだ。

高断熱ローテク住宅・建てたあとの暮らしの話はウェブサイトで公開中だ。環境を読むことを習慣づけていたせいか、湿度は10％前後、室温は1℃以下の精度で感知できるようになった。目に見えない環境デザインはビジュアルメディアでの伝播力が乏しい。伝えにくい価値ではあるけれど、コツコツ、住み手目線の情報を蓄積していきたい。技術を分け与えてくれた方々へのささやかな恩返しである。

できることを積み重ねる

「建築」が、人生の器を司る領域であったのは幸いだった。家事、子育てからママ友との茶話、市民

〈札幌の平屋〉内観

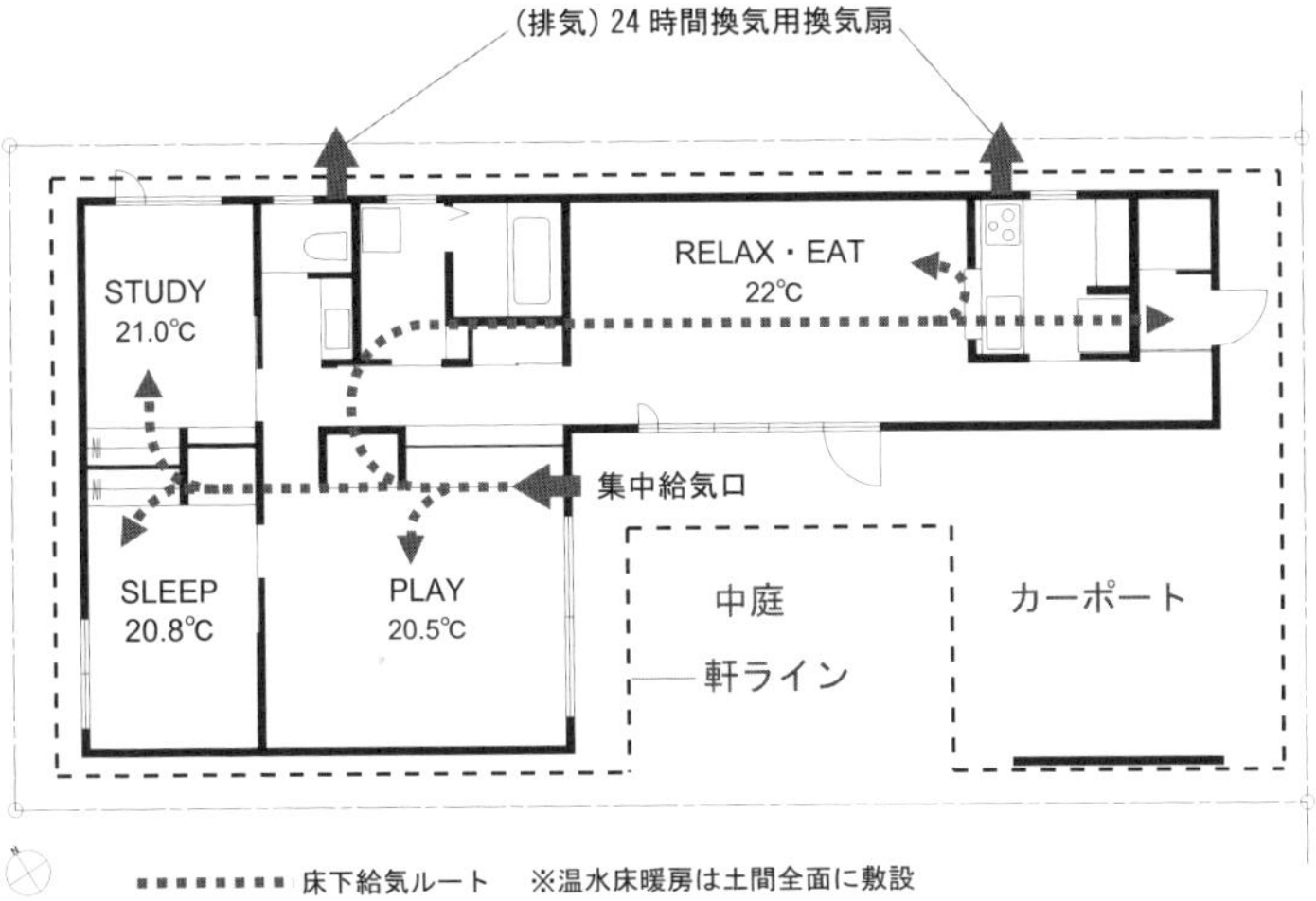

〈札幌の平屋〉平面と給気ルート。全館空調を基本としながらも、わずかな室温の差によって行為が喚起されるよう、温熱環境と平面計画を複合。暖房期は、床下に集中給気した外気を蓄熱した土間で温めながら各部屋に給気する。給気ルート距離によって室温が変化する。夏季は地中熱を蓄冷した土間が、日中の給気を予冷する

活動まで、設計活動に還元されない経験はなかった。一方、建築で養った知識や調整力も、他分野での活動に大いに役立っている。今の私には、建築１００％の生き方をするのは難しい。けれど、繊維を多方位に重ねていくように、多岐な経験は、地域人としても専門家としても、私を補強し続けている。今の私にできる方法で、今の私だからこそつくれる価値を生み出していきたい。

地方は東京よりも、行動と結果の関係が見えやすいのかもしれない。私が暮らす地域が豊かになれば、私自身も幸せに近づくはず。そうシンプルに信じて、日々できることを積み重ねている。

〈参照〉
○ 後藤治「日本建築の空間─習作と型破りの建築史」『日本の建築空間』（新建築社）
○「生活の実験」http://seikatunojikken.tumblr.com

とりまく世界に目を向けて

28

－群馬県 高崎市

藤野高志

生物建築舎

高崎市内のアトリエ

高崎

　1975年、群馬県高崎市、会社員と専業主婦の長男として私は生まれた。幼いころから絵が好きで、動物、虫、機械、人、建物、風景、身近なものを観察し、手当たりしだい何でも描いた。夏休みは朝から晩まで田んぼでトンボを追い、夜はファミコン。両親に公務員を目指せと言われ続けたが、将来の夢は天文学者だった。

　高3夏の進路適性検査で、芸術系に向いているとの結果。先生に相談すると「理系で芸術といえば建築だ」と。スケッチブック片手のキャンパスライフという楽しげなイメージに惹かれ、建築の道に進む。

森の都

進学した東北大学では野鳥の会に入り、環境アセスメントの会社でアルバイト。新しい道路やダムの開発が自然環境に及ぼす影響を調査する。ベテランの山男たちに連れられ、広大なブナ林に分け入る。真っ白な布を張り光に群がる昆虫を捕えたり、雪山のテントから双眼鏡でイヌワシの行動を追いかけたり。東北の山はいつも深く、動物と植物が複雑に連鎖していた。

平日に製図室で設計課題に向き合い、週末に山で調査を繰り返すうち、問題解決ゲーム的な思考に嫌気がさし、代わりに生態系の複雑さを卒業設計で扱いたくなった。そうして生まれた「森の都」と題した作品は、原生林が切り開かれ都市となり、都市が滅びてまた森に還る物語である。

大切なのは循環の表現だった。図面や模型では時間の流れがうまく伝わらないので、漫画表現を選んだ。漫画だと建築以外の周りの環境すべてを描く必要があり、建築は環境の一部に過ぎなくなる。製本した漫画だけでは提出枚数の要件を満たせないので、製図室の大きなパーティションに物語の一場面を油彩で描き、建築学科の屋上で大規模集積回路をプリントした廃品ドアを燃やし、A1で10枚分の面積を稼いだ。図面も模型もない卒業設計は賛否が分かれ、全否定もされ「卒計の単位を落とすのでは」と友人に心配されたが、なんとか卒業できた。

遺跡

卒業設計から修士論文へ繋がったのは「空間と時間」への興味。修論のテーマは「遺跡」。

私は都市分析の研究室に籍を置き、近江隆先生と東北地方に点在する遺跡の整備状況を調査した。青森の三内丸山遺跡で「ここには建設途中の野球場も残すべきだった。」と言った先生の言葉が今も忘れられない。目を閉じ、つくりかけのコンクリートの球場と、縄文の巨大櫓が対峙する風景を思う。それは眼前の復元集落よりも遥かに強烈な空間体験で、過去と現在を隔てる膨大な時間が場所を満たしているように思えた。空間の広がりと時間の広がりを同じ目線で捉えること。これが後の改修への興味に繋がる。

UCLA

大学院ではアメリカの建築教育も垣間見た。東北大の小野田泰明先生が当時ＵＣＬＡの客員研究員で、アメリカのスタジオ課題に呼んでくれた。そして課題の合間には建築見学に連れ出してくれた。ゲーリー自邸、ソーク研究所、シンドラーハウス、ホートンプラザ…。

東京の建築教育すら知らないのに、突然アメリカ西海岸の自由さに触れた。東北大で柱を垂直に建て

卒業設計の漫画冊子「森の都」。16 頁すべてが手描き＋スクリーントーンの表現

る理由を問われたことはないが、UCLAでは「なぜ柱を傾けないの？」と説明が求められる。世の中にはさまざまな考えがあり、それが成り立つ場所がある。考えの優劣でなく、異なる考えが並存していることが素晴らしい。いったん多様性の価値に気付くと、地形、動植物、都市、気候、建築、それらの多様さ自体が愛おしくなり、ますます旅行が好きになった。地方の学校にいるモヤモヤとしたコンプレックスも無くなった。

就職活動

UCLAでの最終講評会の後も、オープンカーをレンタルしてアメリカ西部を見て回り、日本に戻るとすでに4月半ば。就活に出遅れたが、なんとか清水建設設計部の応募に間に合う。急いでポートフォリオをまとめ面接に臨むと、別室に案内され、そこには白い布を被された建築模型が。なんと透視図の試験である。布が外されたのはわずか3分間。記憶をたよりに、最良のビューポイントから外観パースを起こせという。制限時間の10分間、4Bの鉛筆を必死に走らせる。面接で「最も印象に残る建築は？」と問われ、前年秋に泊まったコルビュジエの「ラ・トゥーレット修道院」を挙げ、礼拝堂で自分の足音の響きに鳥肌がたった話をする。

二次も三次も無く、就職活動はこの日で終わり。大企業からの内定を、見栄っ張りで心配性の両親に報告できほっとした。

三内丸山遺跡で建設途中となった野球場（1994年に県営野球場の建設現場で発見された縄文時代の大規模集落跡。すぐに建設は中止となり、すでにでき上がっていた部分も取り壊され、現在は集落の一部を復元整備した公園となっている。）（国立歴史民俗博物館資料）

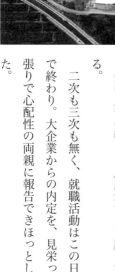

清水建設

入社した当初、ゼネコン建築は組織力で生み出されると思っていた。それは学生時代にバイトしていた阿部仁史アトリエの強い作家性とは対極的な印象だった。

だが生産設計部という名の実施部隊に割り振られ、建具や階段の詳細図を描くにつれ、結局最後は設計者一人一人の個性が建築に宿るのだと実感する。先輩と会社で朝を迎え、フラフラで納図するのも、アトリエ事務所と変わらなかった。締切明けに打上げをしたりするものだから、朝帰りの山手線で眠りに落ち、ぐるぐる回り続けて昼を迎えたりする。

そう、サラリーマンの私にとって東京とは電車だった。綱島の寮から浜松町への通勤がとにかく息苦しい。四方八方から他人の体の不快な圧力が押し寄せる。右手は吊り革に、左手には文庫本を。現実逃避のためとは言え、人生で最も本を読んだ時期である。朝のラッシュを村上春樹の透明感でやり過ごし、疲弊しきった終電ではバタイユの破壊願望が増幅する。思い返すと脳内に椎名林檎の「依存症」が流れ、ホームの嘔吐物の刺激臭が鼻の奥に蘇る。だんだんと生活は退廃し、無駄遣いや汚れることに傾倒したが、それも数ヶ月で冷めてしまった。結局、満員電車に降参して、歩いて通える住まいを借りる。銀座8丁目の「中銀カプセルタワービル」である。

中銀カプセル

2000年秋のカプセルタワー8階からは、まだ東京タワーが見えた。やがて目の前の広大な汐留貨物駅跡地から、電通や日テレのビルが、雨後のタケノコのように次々に芽を出し空へと伸びた。風呂トイレ含めて四畳半のカプセルに大の字に寝転がっていると、周りの状況が身体に流れ込んでくる。眼下を流れる首都高の通奏低音、カプセルの隙間に巣をかけるドバトの身震い、工事中のビルの規則的な赤い明滅。そんな大都市のうねりに身を任せる心地よさから、カプセルをひとつ買って改造してみたくなった。

当時の相場でひとつおよそ500万円。カプセルは普通のマンションと決定的に違う部分がある。通常マンションを買っても外壁は住民全員の共有物で、玄関より内側しか個人の所有権は及ばない。だがカプセルは外して持ち運ぶ想定なので、カプセルそのものが所有対象で、壁に窓を後付けした人もいる。私は一番てっぺんのカプセルを手に入れ、天井に潜水艦風のハッチをはめこみ、屋上を庭園にしたかった。地上40mの都市の狭間に花が香り、寝椅子に揺られながら舐めるウイスキーは格別だろう。会社から戻ると、

中銀カプセルの丸窓から汐留地区の工事現場を望む（右）
夜な夜な構想した、中銀カプセルタワー改修計画の模型（左）

晩酌しながら夜な夜なカプセル改修の構想を練り、模型や図面が積み重なっていく。

だが最上階の所有者を調べ上げ、いざ買おうかという段になって、アスベストが社会問題化し計画を断念する。メタボリズムの建物をなんとか新陳代謝させたかったのだが。

はりゅうウッドスタジオ

ニューヨークのツインタワーが破壊された2001年9月、清水建設を退社し、福島県南会津の「はりゅうウッドスタジオ」に入所。事務所のボスの芳賀沼整さんは、学生時代、同じ研究室の社会人マスターだった人で、なかば押しかけ気味に所員にしてもらった。

仕事内容は、清水時代の大学病院や海外工場から、住宅や別荘へシフトする。住宅は、打ち合わせも、使うのも、お金を出すのも施主だ。清水のときは、打ち合わせする人、使う人、お金を出す人が別々だったから住宅のダイレクトさが新鮮だった。施主の顔を見れば、建築の評価が分かる。

整さんの実家の工務店「芳賀沼製作」が同じ集落にあり、1週間の半分は設計事務所の、残り半分は工務店の仕事をした。最初は、コンセプチュアルな建築と、ログハウスを主とする木造住宅のアンビバレンツに苦しんだ。だが現場が始まれば悩む暇はない。よく職人さんたちに叱られた。現場のイロハから、クルマの運転技術や服装まで、足りないものは何でも。幾度も失敗し、迷惑をかけ、フォローして貰った。最後に現場を納めるのは彼ら。きっと今会っても怒られる気がする。

新築住宅の他にも、埼玉の古民家の改修や、大内《おおうち》宿《じゅく》の萱屋根の改修、重機の入れない山奥の湿原の工事など、さまざま担当をした。現場は関東から東北まで分散し、日の出前に工場を出発し何百キロもクルマで走る。車内で御飯を食べ、電話し、ディテールを考え、打ち合わせし、眠る。いったい何台のクルマと何万キロの距離を共にしただろう。クルマの移動は、自分がどこにいるか分かる。電車と違い、好きな時に好きな場所で停まれる。そんなクルマと共にある日常が私にはぴったり合っていた。

小屋

住んでいた福島県南会津郡の針生《はりゅう》地区は、人口500人に満たない山間集落で、1年の4分の1は真っ白く覆われる豪雪地帯だ。アパートなど無く空き家を間借りして暮らすのだが、やがて自分の棲家を自分の手でつくりたくなる。芳賀沼製作の工場で貰った廃材を組み、フォークリフトで小川沿いに運び、床にビール箱を並べ、工場の外部コンセントからドラムで電気を拝借し、天井から現場用照明を吊った。寝るためだけの空間。風呂や洗濯は先輩の家、トイレは工場のゲストハウスを借りた。

この3畳足らずの小屋に寝泊まりした日々は本当に楽しかった。春の穏やかな朝には、小川のせせらぎが音楽に聞こえ、夏の土砂降りの下では、頭が石ころになった気がした。落葉を踏んでケモノや釣り人が近づくと、自分も草むらに潜む動物に思えたし、しんしんと雪が降る夜は、小屋全体がまるで透明な氷の塊だった。枕元のビールが翌朝には凍りつく寒さのなか、電気毛布にくるまれ「電力」のありがたみを知った。

廃材で制作した3畳足らずの〈会津の小屋〉。すぐ後ろに小川が流れ、大自然のなかにうずくまる心地よさがあった

人工と自然

ある夜、小屋でアーチ天井を見上げながら、ふと、自分を包む空間が小さければ小さいほど、相対的に外を大きく感じるのではないかと思った。すると、今までは正反対に思えていた、大都市のなかのカプセルと、大自然のなかの小屋が、同じ構図にぴたりとはまる。都市と自然は酷似している。5年前の卒業設計がフラッシュバックする。

都市も自然も巨大な複雑系。それを把握しようと五感を研ぎすまし、人は想像力を駆使する。だがそれでも捉えられない。この人智を超えたスケールと向き合う際の、感覚の昂りと無力感を、私は今まで心地良いと感じてきたのかもしれない。心地良さを生むことが建築の役割のひとつならば、人が造ったものと、自然にできあがったものを、分離して考える意味があるだろうか。目に映るすべてのものをいったん分け隔てなく捉えたい。この日以来、自分の価値観が変化した。
　芳賀沼製作の工場の一角には胴切りされた大きな神木が祭られていて、月に1度従業員みんなで祈りを捧げ、なおらいの宴が開かれる。なぜ人は生きた木を切ると心が痛むのか、なぜ人は木の死体とも言える材木に囲まれて安らぎを感じるのか、祈りは樹木への免罪符なのか、自然物と人工物の境界はどこか。そんなことを考えながら美しい山里を眺めていた。

独立

30歳を迎えた2006年1月、息子の

〈HLJ 本社屋〉

〈小さな建築〉

誕生を機に地元の高崎で独立した。知人の多い仙台や東京も候補地だったが、両親の近くでの子育てを優先した。このときまだ借りていた中銀カプセルも引き払い、高崎のアパートの一室を自宅兼事務所とした。
　最初の仕事は、〈小さな建築〉と名付けた千葉県松戸市の理髪店。文字通り建築面積は駐車場2台分に満たない17㎡。設計図はできたが工務店が見つからない。当時群馬に建築の知り合いは誰もおらず、県庁の土木事務所で働く旧友に相談すると、一人の基礎屋さんを紹介してくれた。彼から大工、建具、電気、設備と輪が広がりチームができた。設計者の私が現場監督も兼任し、職人たちと泊まり、酒を飲み、皿を洗い、風呂をたき、材料を拾い出し、見積もり、施主と役所に説明し、木場やホームセンターをトラックで巡り、工程とお金の勘定をし、図面を引いた。なんのことはない、現場で職人が困らないようにと、会津での日常をトレースしたら、愛らしい処女作が完成した。

広がり

〈小さな建築〉の内覧会の案内状をつくり、近所の「FLOW建築デザイン事務所」を訪ねた。前を通るたびに気になっていたシャープな建築だ。所長の佐藤隆さんは小中学校の先輩で、建物を快く見せてくれ、群馬の建築事情を教えてくれた。それから群馬での内覧会や展示会に赴くようになる。

不動産業者の知人が増え、空き店舗のテナント探しや契約更新の手伝いをしながら事務所を維持する。不動産アドバイザー的な業務だ。そんなおり地元の内覧会で一人の施工者と出逢う。のちの〈天神山のアトリエ〉の施工会社「建築舎四季」の小池健史社長だ。ちょうど小池さんの知り合いの方が設計者を探していて、大きな模型をつくりプレゼンしたら設計を依頼された。「安中建築設計相談事務所」と協働で設計し、延床面積でおよそ4000㎡の〈HLJ本社屋〉が栃木の佐野に竣工した。独立から1年10ヶ月目のこと。さらにここから半年で、設計監理をした集合住宅〈WALLSITE〉と、企画・工事監理をした〈スターバックスコーヒー高崎貝沢店〉が相次いで竣工し、市内で個展も開催する。

全休符

だがその後、ぽっかりと仕事が無くなった。

同じころ離婚もする。交響曲の楽器が一斉に鳴り止み、余韻だけが残ったような日々。人生でこんなに時間を持て余したことはない。昼ごろ目覚め教育テレビをぼんやり眺める。午後はオートバイで高崎

（次頁）高崎市郊外の風景のなかに仕事場がある

外科・
貝沢中

ファッションセンター

市内をトコトコ走り、目の前の風景と子供のころの記憶のギャップを確かめたりした。川の土手や運動場に立ち寄り、景色の広がりのなかを散歩する。ゆっくり歩くと身近なものが目に入る。気の向くままにカメラのレンズを向けパチパチと瞬間を切り取る。以前は見かけることのなかった鳥や虫や草花が増えた。その代わりに、もう消えてしまった動植物もいるのだろう。温暖化だろうか。インターネットで調べ「そうか、この蝶はツマグロヒョウモンというのか」なんてやっているうちに季節がひとつ過ぎていく。

ポートフォリオ

市内の道を一通り走り終えたころ、少しずつ建築の意欲が戻ってきた。地方の風景を形づくるハウスメーカーに興味を持ち住宅展示場を巡る。エコ、エコ、エコ。時代は住宅をどんどん重装備化していた。環境への配慮が環境との隔絶を生む矛盾に違和感を覚え、もっと根源的な建築の可能性を考えたくて、アイデアコンペに応募するようになる。

そうして蓄積した発想の種をウェブに載せる際、ついでに学生時代から今に至るまでのポートフォリオをまとめ直した。議論の相手として事務所にスタッフを迎え、「これはどういうことだったのか」と過去作をひとつひとつ整理していくと、点と点が繋がり線になる。

〈キメラ〉「ここに棲む展」出展作品。自然のものと人工のものを分け隔てなく扱う生物建築舎のイメージ

アイデアコンペ出展作品（左から）〈食地〉、〈循環する教室〉、〈食物連鎖の建築〉

生物建築舎

この少し変わった事務所名の由来をよ

く尋ねられる。ポートフォリオをまとめながら、独立時に掲げたこの事務所名はやはりぴったりだったと思った。「生物」と「建築」が隣合わせに並んでいる。結局私は、卒業設計や、中銀カプセルや、〈会津の小屋〉の延長上の実体験から建築を発想している。そしてこの線の先に加わるのが〈天神山のアトリエ〉だ。

天神山のアトリエ

２０１１年3月。東日本大震災の月の『新建築』が、生物建築舎の初掲載号である。掲載された〈天神山のアトリエ〉は、私の事務所。

幹線道路の交差点の角、小さな不整形の土地の利活用を親戚から相談されていた。私は２００８年以降実家に戻り、子供部屋を事務所に改造し、勉強机の上で図面を引いていたが、来客も増え親に迷惑がかかっていたので、移転先を探していた。そこでこの交差点の角に、店子として私が借りる条件で貸事務所の提案をしたのだ。

〈天神山のアトリエ〉の俯瞰（2011年3月のようす（右）と2012年10月のようす（左））

高崎は東京や会津と違って風景が凡庸だ。〈天神山のアトリエ〉が建つ幹線道路にも「しまむら」や「松屋」や「ドコモショップ」が並ぶ。日本中どこにでもありそうな、刺激の少ない町に暮らしていると、身体の感覚が閉じてくる。もし大都市や大自然のなかならば、五感を総動員して環境を感受しようとするだろう。たとえばリゾート地がそうだ。魅力的な環境に行けば、人は放っておいても外に感覚を開く。今までの経験のなかで私が

心地よさを感じていたのは環境に対してだったはずだ。平々凡々なこの場所で建築にいったい何ができるか。

だがオートバイでウロウロしたころ、何の気なしに眺めた身の回りの自然は移り変わっていた。空の色も、雲の形も、刻一刻と変化する。平凡だと思いこんだ風景は、私たち人間側の都合であって、目を開き耳を澄ませば、大都市や大自然と同じく複雑で多様な世界がある。子供のころのように、この町のなかで環境を感受していたい。そんな空間で仕事がしたい。そう思い設計したのがこのアトリエである。

これから

群馬を選んだ理由を書かなかった。書き連ねた通りで、決定的な理由はない。その時々の状況に影響され、なりゆきまかせに歩いてきた。この先どうなるか分からない。

(前頁上)2016年6月のアトリエのようす
(同下)〈天神山のアトリエ〉断面図

今は建築の改修に魅力を感じる。私の実家の改修〈貝沢の家〉や、現在工事中の江戸時代の蔵で、かつて近江先生に示された「空間と時間」に取り組んでいる。今身の回りにある風景のすべては、かつて誰かがつくり上げたものだ。過去の集積が現在ならば、未来の風景をイメージしながら現在を生きたい。小さな子供を見ていると毎日できることが増え、これからの可能性が羨ましい。彼らが楽しめる作品をつくりたい。絵本が描きたいし、公園の設計もしたい。子供が遊ぶ遊具を真面目に建築として考えたら楽しいだろう。自動運転時代の乗物空間も面白そうだ。雨の日の移動が楽しくなるバスがいい。この先、どこかへ続くまっすぐな道より、いつでもどこへでも行ける自由を持っていたい。

やはり群馬にいる理由を挙げるならば、電車より、クルマが合っているからだろうか。

スタディをくりかえす場所

-愛知県 岡崎市

岩月美穂

studio velocity 一級建築士事務所

事務所でのレビュー

試行錯誤

事務所はスタッフ6人と私とパートナーの栗原健太郎の8人で活動している。スタッフはそれぞれ担当物件を持ち、毎週金曜日にＤＲ（デザイン・レビュー）という議論の場を設け、それぞれの物件について話し合いをする。そうすることで建物の形や構造が違っても、考え方の共有や新たな発見を見つけ、各物件に活かしていくことができるのだ。建築の空間は日常的に誰でも体験していることなので、人それぞれの感じ方があり、個人の多様な意見を聞くことで今まで見えなかったことが見えてくるのが建築の面白いところだ。

まず、依頼があったクライアントに会い、必要な機能やイメージを聞く。そして計画地の調査を始める。できるだけ多くの情報を拾うことで、その場所だからこそ生まれてくる空間をつくりたい。だから、周辺の家の高さや窓の開口の位置、屋根の形状や塀の高さなどをプロットし、模型に反映させる。それ以外にも、敷地がどんな場所で、周辺にはどんな機能があるのかによっても、物件ごとの情報は変化する。

　たとえば〈横浜の家〉は山を削って宅地開発された土地で、敷地2辺の隣には家がなく、急な斜面が続く場所だった。その斜面のラインを現地で測量して模型にし、スタディしている。〈連棟の家〉でも現地で測量し、周辺の情報を模型や写真を見ながら読み取り、必要な機能を満たしつつ可能性のある案を議論した。

　スタディでは、その場所にはどんな建築の建ち方がいいのか、外部と内部の関係性をつくれているか、建築の空間の可能性を壊していないか、この空間をつくることで、この建築に関わる人にとって、いいことが起こりそうかを考える。まったく違うパターンを考えたりしながら、少しでも可能性がありそうなものが見つかると、基本的な構成を変えずに、ボリュームや高さを変えていくことで、コンセプトの可能性を最大限に高めていく。

　どのプロジェクトでも、基本的な方向性が固まってからも、開口のスタディは検討し続ける。〈空の見える下階と街のような上階〉では、117箇所に及ぶ視

〈連棟の家〉スタディの変遷と施工中のようす

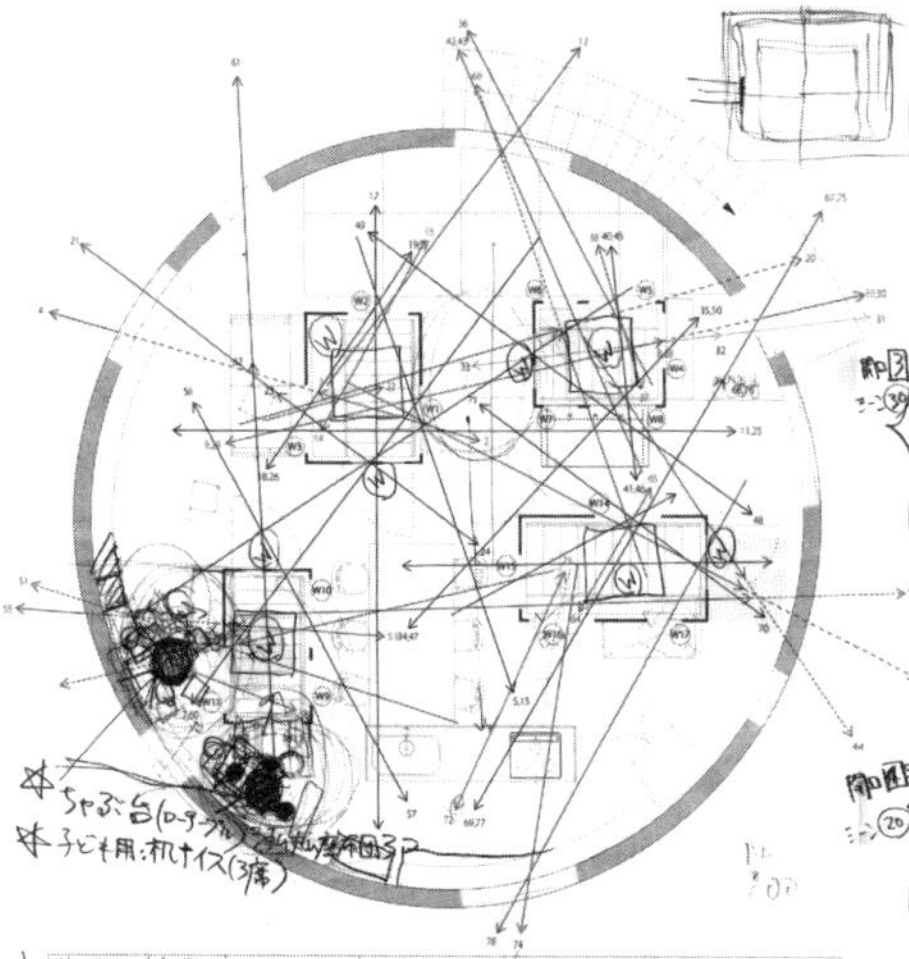

No.	[illegible]	開口部		
1	主寝室	W1	1F → 外部	1F寝室から見上げると、2F天井の1190×1080のトップライトを通して空が見える。
2	主寝室	W1	1F → 2F	1F寝室から見上げると、2F和室前のスペースを横切る人の足元や置かれた家具が見える。
3	主寝室	W1	2F → 1F	2Fから見下ろすと、1F寝室の寝ている人が見える。
4	主寝室	W1	2F → 外部	2Fから見下ろすと、1F寝室の開き扉を通して地面の草花や外で遊んでいる子供が見える。
5	主寝室	W1	2F → 2F	和室からボックスを貫通して、ダイニングで食事をする人やキッチンで料理をする人の様子が見え
6	主寝室	W1	2F → 2F	和室から子供室Aボックスと主寝室ボックスを貫通して、子供室Bボックス周辺まで見通せる。
7	主寝室	W1	2F → 2F	和室から主寝室ボックスと子供室Bボックスを貫通して、奥の家事スペースが垣間見れる。
8	主寝室	W1	2F → 1F	2Fリビングから主寝室ボックスを貫通して、1F子供室Aに降りていく階段が見える。
9	主寝室	W1	1F → 2F	1F子供室Aから見上げると、主寝室ボックスを貫通して2Fリビングに立っている人の顔が見える。
10	主寝室	W1	2F → 外部	2Fリビングから主寝室ボックスを貫通して、1F子供室Aの奥の開き扉からアプローチ側の外部が見
11	主寝室	W1	2F → 2F	リビングから主寝室ボックスを貫通して、ソファのあるスペースや玄関のスペースにいる人が見え
12	主寝室	W2	1F → 外部	1F寝室から見上げると、2F和室の大きな窓から外の景色が見える。
13	主寝室	W2	1F → 2F	1F寝室から見上げると、2F和室でくつろぐ人の様子が見える。
14	主寝室	W2	2F → 1F	2F和室から見下ろすと、1F寝室の寝ている人が見える。
15	主寝室	W2	2F → 2F	和室から主寝室ボックスを貫通して、ダイニングで食事をする人やキッチンで料理をする人の様子
16	主寝室	W2	2F → 2F	和室から主寝室ボックスを貫通して、ダイニングで食事をする人やキッチンで料理をする人の様子
17	主寝室	W2	2F → 2F	ダイニングから主寝室ボックスを貫通して、和室にいる人の様子が見える。
18	主寝室	W2	2F → 2F	和室から主寝室ボックスを貫通して、リビングの様子が見える。
19	主寝室	W2	2F → 2F	リビングから主寝室ボックスを貫通して、和室にいる人の様子が見える。
20	主寝室	W3	2F → 外部	2Fリビングのソファから見上げると、主寝室ボックスを貫通して、天井の690×590のトップライト
21	主寝室	W3	2F → 外部	ダイニングから主寝室ボックスを貫通して、リビングの大きな窓に外の風景が見える。
22	主寝室	W3	2F → 1F	2Fリビングから見下ろすと、1F寝室の様子が見える。
23	主寝室	W3	2F → 2F	ダイニングから主寝室ボックスを貫通して、リビングの様子が見える。
24	主寝室	W3	2F → 2F	リビングから主寝室ボックスを貫通して、ダイニングの様子が見える。
25	主寝室	W3	2F → 2F	リビングから主寝室ボックスを貫通して、ソファのあるスペースや玄関のスペースにいる人が見え
26	主寝室	W3	2F → 2F	和室から主寝室ボックスを貫通して、リビングの様子が見える。
27	主寝室	W3	2F → 2F	リビングから主寝室ボックスを貫通して、和室にいる人の様子が見える。
28	主寝室	W3	2F → 1F	2Fリビングから主寝室ボックスを貫通して、1F子供室Aに降りていく階段が見える。
29	主寝室	W3	1F → 2F	1F子供室Aから見上げると、主寝室ボックスを貫通して2Fリビングに立っている人の顔が見える。
30	主寝室	W3	2F → 外部	2Fリビングから主寝室ボックスを貫通して、1F子供室Aの奥の開き扉からアプローチ側の外部が見え
31	子供室A	W4	2F → 外部	和室前のスペースから子供室Aボックスを貫通して、玄関扉越しに裏山側の風景が見える。
32	子供室A	W4	2F → 2F	和室前のスペースから子供室Aボックスを貫通して、玄関が見える。
33	子供室A	W4	2F → 2F	玄関から子供室Aボックスを貫通して、和室前のスペースが見える。
34	子供室A	W4	2F → 2F	玄関から子供室Aボックスを貫通して、ダイニングの様子が見える。
35	子供室A	W4	2F → 2F	ダイニングから子供室Aボックスを貫通して、玄関が見える。
36	子供室A	W5	1F → 外部	1F子供室Aから見上げると、2F和室の大きな窓から外の風景が見える。
37	子供室A	W5	2F → 1F	2F和室から見下ろすと、1F子供室Aで勉強する子供が見える。
38	子供室A	W5	1F → 2F	1F子供室から見上げると、2F和室にいる人が見える。
39	子供室A	W5	2F → 2F	和室から子供室Aボックスと主寝室ボックスを貫通して、子供室Bボックス周辺まで見通せる。
40	子供室A	W5	2F → 2F	ソファのあるスペースから子供室Aボックスを貫通して、和室が見える。
41	子供室A	W5	2F → 2F	和室から子供室Aボックスを貫通して、ソファのあるスペースが見える。
42	子供室A	W5	2F → 外部	ソファのあるスペースから子供室Aボックスを貫通して、和室の大きな窓から外の風景が見える。
43	子供室A	W8	2F → 外部	ソファのあるスペースから子供室Aボックスを貫通して、和室の大きな窓から外の風景が見える。
44	子供室A	W8	1F → 外部	1F子供室Aから見上げると、2F天井の1190×1080のトップライトを通して空が見える。
45	子供室A	W8	2F → 2F	ソファのあるスペースから子供室Aボックスを貫通して、和室が見える。
46	子供室A	W8	2F → 2F	和室から子供室Aボックスを貫通して、ソファのあるスペースが見える。
47	子供室A	W8	2F → 2F	玄関前のスペースから子供室Aボックスを貫通して、和室が見える。
48	子供室A	W8	2F → 2F	和室から子供室Aボックスを貫通して、玄関前のスペースが見える。
49	子供室A	W8	2F → 2F	玄関から子供室Aボックスを貫通して、ダイニングの様子が見える。
50	子供室A	W8	2F → 2F	ダイニングから子供室Aボックスを貫通して、玄関が見える。
51	子供室B	W9	2F → 外部	キッチン・ダイニングから子供部屋Bボックスを貫通して、890×780のトップライトをから空が見える。
52	子供室B	W10	1F → 外部	1F子供部屋Bから見上げると、2F天井の1190×1080のトップライトを通して空が見える。
53	子供室B	W10	1F → 2F	1F子供部屋Bから見上げると、2Fダイニングで食事をする人が見える。
54	子供室B	W10	2F → 1F	2Fダイニングから見下ろすと、1F子供部屋Bのベッドが見える。
55	子供室B	W10	2F → 外部	2Fダイニングから見下ろすと、1F子供部屋Bの開き戸から小川が流れる側の風景が見える。
56	子供室B	W10	2F → 2F	キッチン・ダイニングから子供室Bボックスを貫通して、リビングの様子が見える。
57	子供室B	W10	2F → 2F	リビングから子供室Bボックスを貫通して、キッチン・ダイニングの様子が見える。
58	子供室B	W11	1F → 2F	1F子供室Bから見上げると、2F家事スペースにいる人の足元が見える。
59	子供室B	W11	2F → 1F	2F家事スペースから見下ろすと、1F子供室Bで勉強している子供が見える。
60	子供室B	W11	2F → 2F	和室から主寝室ボックスと子供室Bボックスを貫通して、奥の家事スペースが垣間見れる。
61	子供室B	W13	2F → 外部	家事スペースから子供室Bボックスを貫通して、リビング奥の窓を通して線路側の外部が見える。
62	子供室B	W13	2F → 2F	家事スペースから子供室Bボックスを貫通して、リビングの様子が見える。
63	子供室B	W13	2F → 2F	リビングから子供室Bボックスを貫通して、家事スペースが見える。
64	洗面室	W14	2F → 1F	2Fソファのあるスペースから見下ろすと、1F洗面室が見える。
65	洗面室	W14	1F → 2F	1F洗面室から見上げると、2Fソファのあるスペースが見える。
66	洗面室	W14	1F → 外部	1F洗面室から見上げると、2F天井の690×590のトップライトを通して空が見える。
67	洗面室	W14	2F → 外部	キッチンから洗面室ボックスを貫通して、玄関扉越しに外の風景が見える。
68	洗面室	W14	2F → 2F	キッチンから洗面室ボックスを貫通して、玄関が見える。
69	洗面室	W14	2F → 2F	玄関から洗面室ボックスを貫通して、キッチンが見える。
70	洗面室	W14	2F → 2F	和室前のスペースから洗面室ボックスを貫通して、ボックス裏の玄関が見える。
71	洗面室	W14	2F → 2F	ボックス裏から洗面室ボックスを貫通して、和室前のスペースが見える。
72	洗面室	W16	1F → 2F	1F洗面室階段から、2Fキッチンが見える。
73	洗面室	W16	2F → 1F	2Fキッチンから、1F洗面室階段が見える。
74	洗面室	W16	1F → 外部	1F洗面室階段から見上げると、2Fキッチンの大きな窓から外の風景が見える。
75	洗面室	W16	2F → 外部	キッチンから洗面室ボックスを貫通して、玄関扉越しに外の風景が見える。
76	洗面室	W16	2F → 2F	キッチンから洗面室ボックスを貫通して、玄関が見える。
77	洗面室	W16	2F → 2F	玄関から洗面室ボックスを貫通して、キッチンが見える。
78	洗面室	W17	2F → 2F	玄関前のスペースから洗面室ボックスを貫通して、キッチンの大きな窓越しに外の風景が見える。

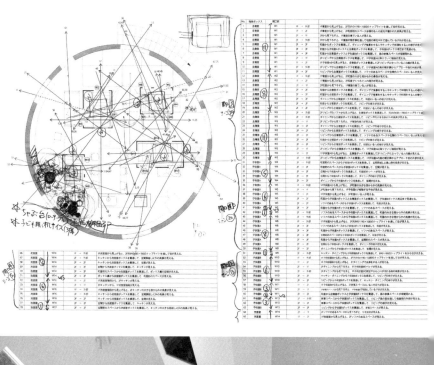

線の抜けをつくった。その先に何が見えるのか、模型をつくり、開口を覗きながら、意味を分析し、記述しながらスタディを続けた。

〈愛知産業大学言語・情報共育センター〉は、4mの崖をなだらかな丘とし、周辺のレベルに合わせながら、崖の土を削ったり盛ったりして丘をつくるプロジェクトだった。敷地面積は約3500㎡に対し、必要な機能は500㎡だった。これをひとつの建築ボリュームとして置くと、敷地に対して偏りすぎ、アクセスも限定されてしまう。その時に建築ボリュームをどの程度切り離して、丘と繋げていくのかを繰り返し考えた。

そういう試行錯誤を今も繰り返しながら、現在もプロジェクトは進んでいる。

古い家の記憶

愛知県岡崎市。祖父母はそこで建具屋を営んでいた。そこから1㎞ほど離れた場所で私は両親と3人暮らしで、借家に住んでいたが、小学生になる前に祖父母の家に引っ越すことになった。そこでは、3、4人の職人さんが鉋で木を研いでいて、細かく、薄いおがくずが床に落ちていた。凄く綺麗だった。

その後、祖父母は新しい家を建て、住んでいた家は私たちの家となった。両親なりに少し家を改造し、あまり広くないキッチンに外に出る小さな扉をつくった。扉を開くと瓦の屋根の上に出る。そこに足場でつくった物干し場ができている。広さは6畳ぐらいあって、屋根の上の眺めはとても気持ちが良かった。脱衣室が1畳ぐらいの狭い場所だったので、お風呂に入って体が熱いときはすぐ、物干し場に行って涼んだ。瓦屋根の上では、月や星が見えて、清々しい。その物干し場は私の生活のなかで無くてはならないものとなった。

私はその古い家がとても好きだった。間仕切りは

(前頁)〈空の見える下階と街のような上階〉窓の開口のスタディと竣工後のリビング

襖だったので、広く使いたいときは開いて一体的に、少しプライベートに使いたい時は閉じて使うことができる。植物の絵がある綺麗な襖だった。その南側には引き戸の窓と障子のあいだにできた床板張りの空間が特に気に入りだった。幅2730㎜、奥行き910㎜の空間。今で言う、ダブルスキンの役割をする廊下だが、その隅に小さなテーブルをはめ込み、座布団を敷き、書斎として父親が使っていた。そんな所でも、書斎として集中できるスペースになることが、とても面白かった。

大学

高校で進路を決めるころには、建築に惹かれている自分に気づいた。父からも

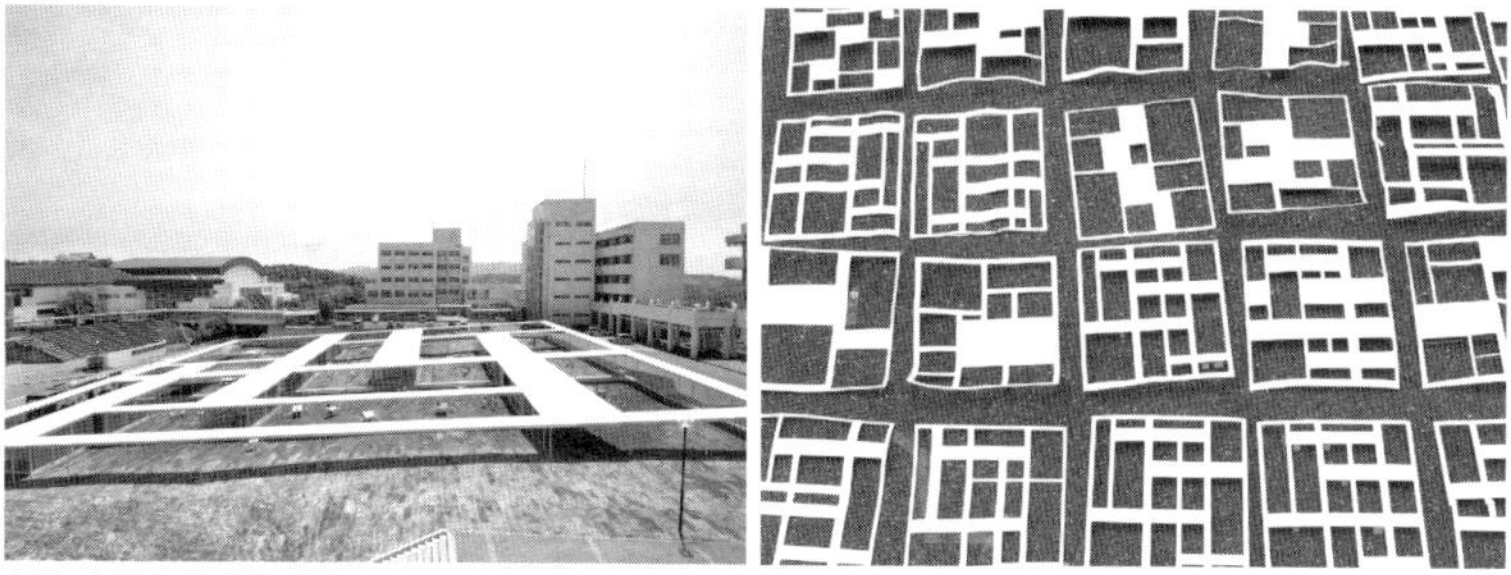

〈愛知産業大学言語・情報共育センター〉スタディ模型と完成後のようす

らったガウディの本に心が躍り、原広司さんの本に書かれた「消える建築」という言葉が気になっていた。街歩きの好きな父と当時（1993年）できたばかりの梅田スカイビルを見に行くと、本で見た通り、街と建築の関係やそれが人に与える影響に可能性を感じた。空を背景に、ガラスの外壁に空が写り込んでいた。空のゲートのように視線や風や光を通し、建物の大きな壁は周辺の環境から形が生まれているように感じた。建築には、シエルターとしての役割だけではなく、都市と建築の関係、自然環境と建築との関係があることを知った。

東京という街への憧れと、都市デザインという言葉の響きに惹かれて選んだ工学院大学での勉強は楽しかった。休日に

は、友達と代官山に行き、槇文彦さん設計のヒルサイドテラスを見ながら洋服を選んだり、原宿で妹島和世さん設計のhhstyle. comで家具を見たり、裏原宿、表参道を楽しみながら、南青山に新しくできたfuture systems設計のコム・デ・ギャルソンへ行ったりと、気負って建築家の作品を見に行くのではなく、友達と遊びながら自然と建築家の空間を体験することができるのが東京だった。

大学の先生はほとんどが実務者だったので、現場の実体験や実際に設計した建物の見学もさせてもらい、先生方の一言一言に説得力を感じながら学ぶことができた。大学3年生の設計課題では、トム・ヘネガン先生から、空間についてもっと柔らかく考えることを教えられた。先生は人の動きを手で表現して見せてくれたり、ラ・トゥーレットのファサードを声に出し、リズムで教えてくれたりと、さまざまな方法で建築を表現された。

当時の私は、妹島和世さんがつくる明るく自由な空間に魅力を感じていたものの、自分ではスタディもせず、頭のなかだけで考えて、実例集ばかり読んでは硬くなってしまっていた。先生にはその後、大学院の課題でもお世話になったのだが、そのとき「たとえばある敷地に残されたハンカチから何を読み取れるか」と問われたことがある。敷地分析とは、単に道路や周辺の建物だけではなく、小さなことも、大きな痕跡として読み取れるのだと知ったし、そこにあるべき空間をより多くの視点で考えるようになった。

そんな大学生活のなかで、建築がますます好きになっていった。大学の卒業設計は優秀作品に選ばれたが、あくまで学内での評価で終わっていた。そんなとき、『新建築』に掲載されるアイディアコンペで大学院の先輩が受賞している姿を見て、私もコンペに挑戦することにした。その先輩から受賞作品の分析方法を教えてもらった。案のコンセプトを読み取り、プレゼンの方法を観察し、なぜその作品が評価されたのか、どうすれば人がいいと思えるものができるかを探りたかった。

そのように勉強するなかで、特別な存在だったのが石上純也さんだ。とても魅力的だが、現在の自分からこの発想はとても出てこないと思わされる作品ばかりで、理解するのに時間がかかる。栗原とはそれらが何を表現しているのかよく話し合っていた。栗原はこのころから気の合う同級生で、課題やグループ設計の時には一緒に敷地のリサーチに行ったり、案を出し合ったり、模型やプレゼンの制作もしていた。そして会えばいつも建築に関することを話していた。コンペは当初、別々に応募しては落選していたのだが、あるとき一緒にやろうと取り組んだものが選ばれ、その後も一緒に応募するとすべて選ばれるので、2人で何かを考えて、つくること、表現することが楽しみになってきた。お互いに案を提案し、どう思ったか率直に言い合う。他の人だと少し遠まわしに言ったり、遠慮してしまうことが、栗原も私も互いに遠慮なく伝えられた。「面白くない」でもいいし、まずは感情的でいい。その後、どうして良くないのかを議論する。自分ではさっきまで良いと思っていたものに良くないところが見つかることで、次はもっと良いものが生まれそうな気がするのだ。時間ギリギリまでまったく違う提案をしたり、改善することを繰り返したりしながら、徹夜でプレゼンに臨んだ。

(次頁)「住み代わる家」が課題の建築学生・設計大賞(2001)に応募した作品〈density houseplan〉
壁で場所をつくるのではなく、そこに住む人が自由に糸のような柱を移動させながら密度をつくり、流動的に空間がつくられていく提案

働く

大学院を卒業し、あるアトリエに2年間ほど入ったが、利益重視で模型の検討をせず、必要な機能を満たすだけの仕事には嫌気がさしていた。栗原はゼネコンに勤めていたが、同じ心境で、そんな不満を

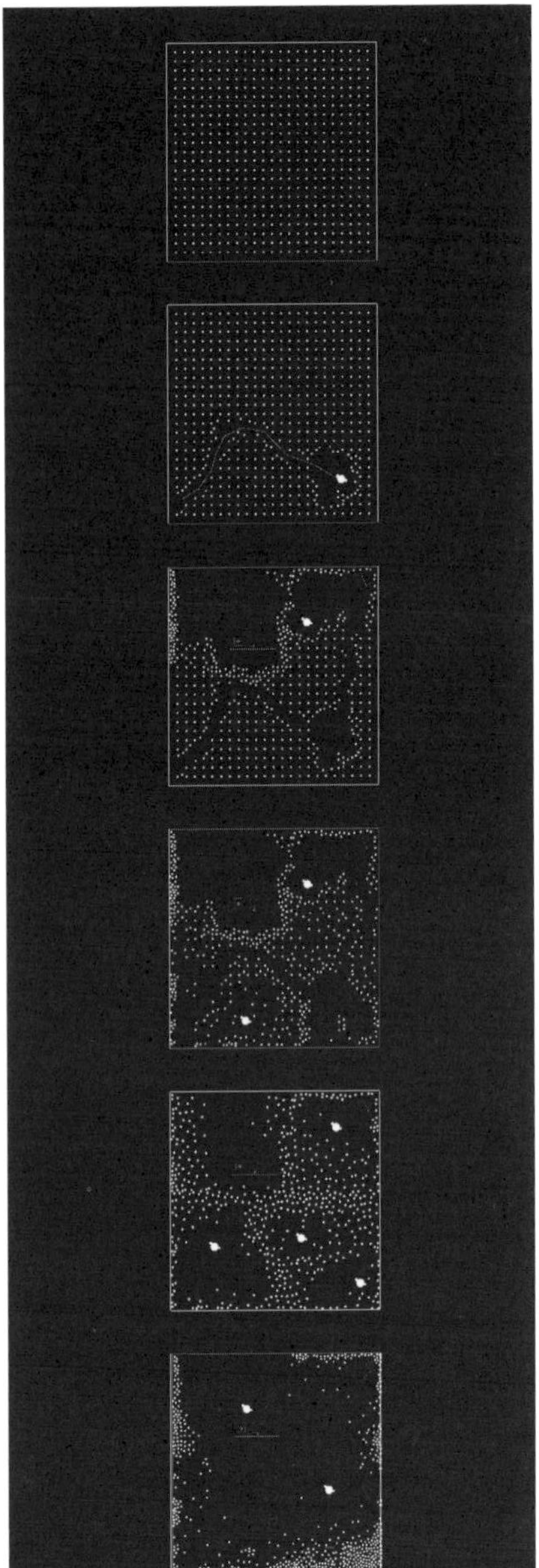

抱えながら2人で働いているあいだにも、コンペに応募し入賞するうちにいつしか独立することも考えるようになっていた。

一方、あるとき石上純也さんがスタッフを探しているという話があり、栗原が働くことになった。当時はちょうど石上さんが、厚さ4・5㎜、大きさは大きいもので2×2mの〈レストランのためのテーブル〉というプロジェクトを雑誌（『新建築』）に発表したときで、私はテーブルという家具のアイデアを建築のスケールにまで拡げた普遍性のあるその提案に驚いていた。さらにテーブルの上の植物の置き方、種類の多様性や、表現方法にもとにかく圧倒されて

〈岡崎の住宅〉断面スケッチ。1、2階をつなぐ「出窓のような部屋」を透明ポリカ波板でつくり、内と外を柔らかく連続させる空間をつくる

いたので、栗原が入所した3日後には私も入れてもらうことにした。石上さんの事務所では「霧の実験」をしていると栗原から聞いていたが、実際入所してみると、模型に限らずスタディ自体も多様な方法が採られていた。

それからはスタディに没頭する日が続いた。スタディをする前と多くのスタディをした後では、少しの違いが大きな違いに見えてきた。スタディの段階で縮尺1／100の模型と縮尺1／1のモックアップをつくり、実際に柱の大きさをみるとまた、新しい空間が見つかったり、改善点も見えてくる。スタディ模型が事務所の床から天井まで積み上がっても なお、時間のある限り考え続けた。

バスケットで練習を重ねて身につけたドリブルのように、時間をかけることで見えてくる空間があることを知った。そういった深い考察が、2005年ミラノサローネ〈LEXUS L-finesse〉展の空間や、ポンピドゥー・センターのコレクションとなった〈low chair〉〈round table〉、日本建築学会賞（作品）を受賞した〈ＫＡＩＴ工房〉などの結果に結びつくことを、石上事務所で学ばせてもらった。ここでの1年間は濃いもので、石上さんと空間について話をすることが、とても楽しかった。

独立してプロジェクトが実現するまで

その後、2006年に栗原と独立。地元岡崎に自由に使用できる空き家が見つかった。そこなら家賃を気にせず、スタディの時間がとれる。東京はマンションばかりで、戸建住宅はつくれない気がしたし、まずはこの場所から始めようということになった。

その空き家はもともとメリヤス産業という編み物の工房と住まいで、私たちはそのリノベーションを考えた。このプロジェクトは、若手建築家の登竜門SD review（2006）に応募した。かつて石上さんも入選した賞なので力が入り、プレゼンテーションではスケッチや図面の線の表現、人や木々や鳥のあり方、色の表現、小物の素材や置き方にも時間のある限りスタディを続けた。そうした時間の積み重ねが入賞という結果だけでなく、今の作品にも繋がっているのだと思う。

〈岡崎の住宅〉が完成し、そこで活動しながら暮らし始めた。スケッチで深く考えたように、家具や小物もひとつひとつ選んだ。そのことを考えるだけで毎日が楽しかった。

あるとき、住宅の設計の依頼があったが、コストの提案力が欠けていたため、他の会社で建てることになり、とても悔しい思いをした。それが〈陽だまりトンネルの家〉だ。そのときも2人で話しながら、改善点を考えていった。

次に依頼されたのは、インテリアの設計だった。これは提案を気に入ってもらい、実際につくること

（上）〈曲線の小さなワンルーム〉曲線のスタディ模型。下は玄関からシャンプースペースを見たようす
（下）美容室兼住宅〈montblanc house〉

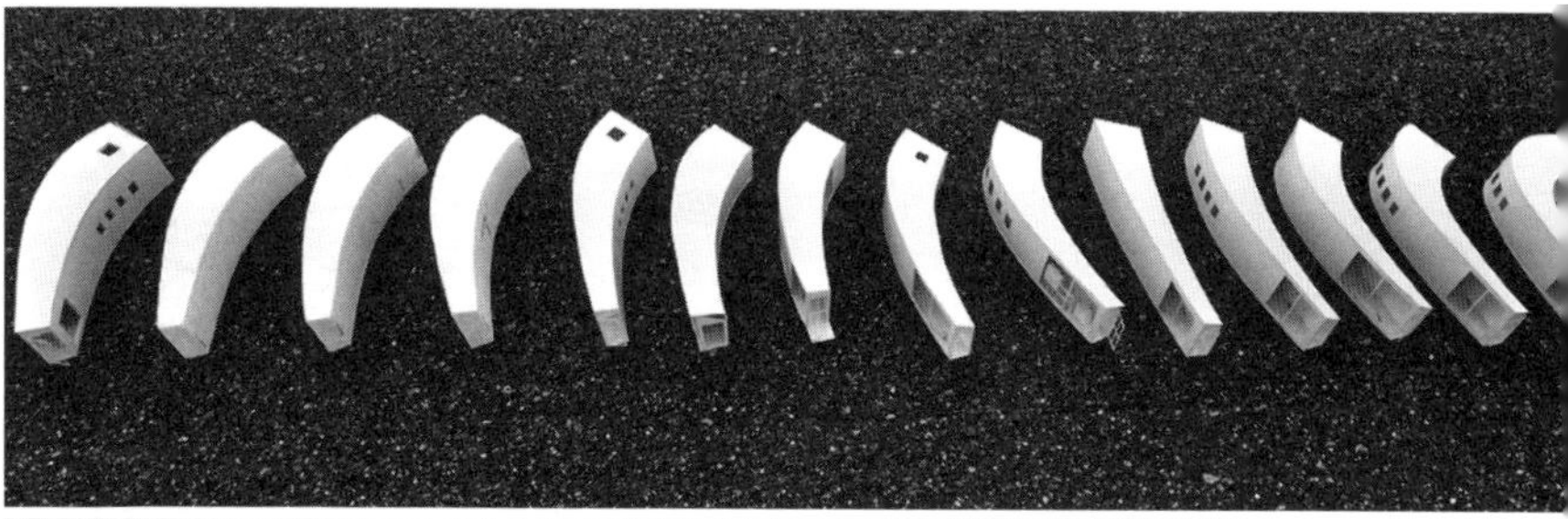

has Consequences

ができた。〈大きな屋根の下の店舗〉だ。

〈montblanc house〉はその美容室で働いていたスタッフさんが独立することになり、美容室と住宅のある家としてつくったものだ。この作品は私たちの原点だと思っている。密集した住宅地のなかで、いかに開放的に生活できるかを考えた。建築ではなく、もっと環境的な山のようなものができれば、その場所だけでなく、周辺の家にも光や風を入れることができる。3層に渡り、さまざまな半外部空間があり、柔らかく空間を包み込み、周辺との関係をつくるという提案をした。住人はとても気に入ってくれた。私は髪が伸びるといつも、この美容室でカットしてもらう。とても腕がいいのだ。現在施工中の家も、このクライアントの知り合いから依頼を受けたものだ。

〈まちにかかる６枚の屋根の家〉建て方。市松模様のように部屋は外部と混じり合うように配置し、地面は道の傾斜にすり合わせるようにつくり、部屋ごとにひらひらと折り重なる６枚の屋根が、まち・庭・軒下・内部を緩やかにつなぐ

続けて、新築の美容室の依頼もきた。そこでは曲線の小さなワンルームのスタディを3ヶ月ほど集中してやった。オーナーは私たちが提案したものを気に入ってくれた。美容室の機能は必要最小限に抑え、美容室での出来事そのものを数珠繋ぎに結び緩やかにカーブしていく空間だ。間口が狭く、奥まった敷地で奥に建物を建てるだけでは、人は気づくことなく通り過ぎてしまう。美容室の玄関が歩道ギリギリまで伸びてきた形とし、内部が歩道や道路から見える。ただ、すべてがすぐに見えてしまうのではなく、曲率を利用して、全体の機能は見えるが、最後までは見通せない空間。奥がトップライトで明るくなり、奥に行ってみたくな

る空間。この建物は愛知まちなみ建築賞で審査員の五十嵐太郎さんに推薦していただいた。結果的に賞はとれなかったが、JCDデザインアワードでは金賞をもらうことができた。

岡崎で生まれたつながり

そうやって岡崎で活動するうちに素晴らしい人たちに出会うことができた。〈montblanc house〉のオープンハウスに来て下さった建築家の横山正登先生に誘われて、岡崎の若手建築家を集めた建築人会議に参加し、そこに寄せられた住宅の依頼に対して若手でコンペをして、私たちが選ばれることもあった。その住宅〈空の見える下階と街のような上階〉のオープンハウスには、愛知の若手建築家や大学の先生方のほか、『新建築』の編集者や五十嵐太郎さん、私たちが非常勤講師を勤める愛知産業大学の学長で建築学科の教授をされていた小川英明先生にも来ていただけた。その後、五十嵐太郎さんには、あいちトリエンナーレの岡崎会場で展示を任せていただき、小川先生には、〈愛知産業大学言語・情報共育センター〉の設計者として推薦してもらえることとなった。

こうやって時間をかけて検討し、模型をつくり、住人と何度も話し合ってできた建物をオープンハウスでたくさんの人たちに見てもらう。そこで新しい出会いが生まれて、また次の仕事に繋がっていった。オープンハウスでなくても、〈都市に開いていく家〉で家の前面の歩道の舗装をしてくれた方が、家の設計を依頼してくれたり、〈まちに森をつくる家〉の美容師の後輩の方が依頼をしてくれたり。

(次頁)東岡崎駅前の明大橋から、岡崎の中心市街地を流れる乙川を見る。先には、殿橋、岡崎城が見える

何か良いことが起こる建築

今住んでいる岡崎市は幼いころから好きだった。岡崎の街にはダイナミックで都市的な軸線がある。

ひとつ目の軸は駅を降りてすぐにある中心市街地を通る乙川。中心市街地や岡崎城に行くためには10０mほどある橋をわたる。その橋を渡るときに緩やかな川の形状の東西軸があり、岡崎公園や岡崎城を見ることができる。乙川沿いでは、春は桜まつり、夏は花火大会が盛大に開かれ、桟敷が堤防に設置されると屋台が出る。乙川の上流まで行くと、ホタルを森のなかで見ることもできる。

二つ目の軸は、岡崎城とその北に位置する大樹寺の本堂から、三門、総門(現在は大樹寺小学校南門)を通して、その真中に岡崎城が望めるように伽藍を配置した南北の軸がある。この軸は、規制がないなかでも、軸上に生活する人々が眺望を遮らないように配慮して建築することで守られてきた。

美しい自然があり、歴史があり、祭りがあり、電車が走る。

私は、これからも岡崎や周辺に住む人にとって何

〈まちに森をつくる家〉ご主人が1階の美容室を運営し、2階は子どもと暮らす住宅となる3人家族の家。密集した住宅地のなかで敷地角から波紋のようにセットバックし、建物の内部は4つの森に包まれた空間となると同時に、近隣の森として、光や風を入れてくれる緩衝帯となる

〈都市にひらいていく家〉3人家族の家。建物に囲まれた奥行きのある敷地に、不透明な3階建ての家と透明な2階建ての家の2棟が離されて置かれ、そのあいだには公園のような庭が広がる。各棟にはスロープで行き来でき、庭は人を招く空間となると同時に、隣家に光や風を入れる

か良いことが起こる建築を目指したい。人は人と会い、日常的な生活のなかでおしゃべりし、庭の植物や鳥など眺めながら、四季を楽しむ。子どもたちは外の清々しい空気を吸うことで落ち着き、穏やかになる。友達が来たときは、庭がある家だと、必ずと言っていいほど、庭で遊んでいる。隣の子も遊びに来て、いつの間にか人数が増えていたりもする。庭に植えた野菜を観察したり、できたものをダイニングで食べたり、外と建築が繋がると、可能性が広がっていく。クライアントはもちろんのこと、まだ上手く話すことができない子どもたちが笑顔になる空間をイメージしつくっていきたい。これからどんな建築をつくっていくのか。どんな敷地や人に出会えるのかとても楽しみだ。

建築をつくる、その面白く意義深い行為

—愛知県 常滑市

水野太史

水野太史建築設計事務所

現在の事務所。自然光が降り注ぐ。一坪サイズのトップライトは屋根をぶち抜いて自作した

2016年、ある1日

朝、海岸沿いを走る。

伊勢湾にはキラキラと波が輝いて、沖では何艘もの巨大な貨物船がゆっくりと名古屋港へ向かう。沿岸にはコンビナートの煙突やタンクが見え、常滑沖に浮かぶ中部国際空港を離陸した飛行機は斜め上を向いて飛んでいく。ものづくりのダイナミズムと、あっけらかんとした寛容さを感じさせる風景だ。知多半島の空は広く明るく、どこか人を能天気にさせる。

古い木造住宅を改修した事務所は冬寒く、朝は身体を温めるために走ることが日課になってしまった。

今日はこのあと、常滑市内で依頼された新築住宅の実施設計（施主が窯業関係者で、その会社の陶製品を転用して使う予定、どこまでアイデアを展開できるだろう、来週の工場見学も楽しみだ）。午後は10坪ほどの古い建物をバーに改修する計画の打ち合わせ（施主とカウンター寸法などについて確認）を常滑駅近くの現場で行ったあと、別件の住宅改修の現場調査のため隣の半田市に向かい、それから常滑の陶器メーカーである水野製陶園の工場でタイルの焼き上がりを確認する（次の現場で使うキッチンのタイルはまずまずだ、試験焼きのコバルト釉のタイルは、深い青と釉薬の凹凸が予想以上に美しい、黒マット釉は狙いが外れたが、これはこれでおもしろいから使いかたを考えようか）。夜は、設計を手がけたクライアントの家で、また別のクライアントと共に企画するイベントの打ち合わせを兼ねたご飯会だ（いつの間にかクライアント同士が仲良くなっていた）。自身が設計を手がけた家が、生き生きと使いこなされているところを見るのはとても嬉しい。イベントに招く予定のゲストも交えて夜遅くまで話は尽きそうにない。きっと今度のイベントも大丈夫だろう。

（次頁）常滑市海岸より伊勢湾を臨む。左側、沖に見えるのは中部国際空港

はじまり

ここに至ることになったすべてのはじまりは、2002年末のことだった。大学3年生の冬に、一人暮らしをしていた京都から常滑の実家に帰省したとき、たまたま父の机の上に、賃貸集合住宅の計画書類を見つけた。鉄骨3階建15戸のありふれた単身者向け集合住宅だった。尋ねると、敷地は祖母が所有する土地で、その相続税対策が計画の主な目的だと言われた。2005年の中部国際空港の開港を控え、マンション建設業者が頻繁にセールスに来たことがきっかけだったらしい。当時、常滑のまちでは、古い焼き物工場や屋敷などが至るところで取り壊され、どこの郊外でも目にするような単身者向け集合住宅

が建ちはじめていた。それらはまちの文脈や周囲との関係には無関心な建ちかたで、時に暴力的にまちを断絶してしまっていた。経済合理性（実際にはまったく効率の悪い）という建前のもと、思考停止が当たり前のような顔をしてのさばっていく。じぶんには、書類の計画がうまくいくようにはとても思えなかった。否定するのなら代案を考えなければならない。

もっとうまくできるはずだ。より良い答えを出さなければ…。今のじぶんに何ができるだろうか？　建築の実務なんてわかっちゃいないが、このまま見て見ぬふりをすれば後悔することになるだろう…。

年が明け、京都に帰る高速バスに揺られながら、そんなことを考えるうちに使命感と危機感がだんだんと沸き上がり、翌朝目覚めたときには「この計画はじぶんが中心になって進めるべきだ」と決心していた。

まずは進行に待ったをかけるために、計画を進めている父方の5人兄弟姉妹を説得しなければならなかった。業者による元の提案を改良したプランのスケッチを携えて、すぐに常滑に舞い戻った。「学生にできるわけがない」とさんざん反対されたが、「もっと良い建物ができるから」と強引に説得した。計画を手がける条件として、設計だけでなく、事業計画の立案、融資の打診、抵当権の設定、入居者の募集など、事業に関わるすべての業務を引き受けることになった。

奮闘

さて、どうやってプロジェクトを進めればいいのだろうか？　とにかくリアリティを持って納得できるところまで考えぬくことが重要だと感じた。頭と心と身体を精一杯使い、いろいろな人の助けを借りながらそこまでたどり着くことができれば、あとは運を天に任せるしかない。手段は選ばない。格好つけない。そこまでやって、このプロジェクトがうまく行かないようなら建築の道はあきらめよう。プロジェクトに打ち込むため、次年度の休学を決めた。

手はじめに、賃貸住宅の市場調査のために常滑周辺の不動産屋を回った。先行事例として、関西国際空港がある泉佐野市の視察にも出かけた。開港から10年を前にして、開港当時に建てられたのであろう集合住宅に空室が目立つのを目の当たりにした。京都では1日中まちを歩き回り、どんな集合住宅が時を経ても健全に稼働しているのか、その佇まいを観察、分析したこともあった。

それから体制を整えなければならなかった。確認申請などの実務作業を進めるためには建築士事務所の協力が必要だ。

〈本町の集合住宅〉2棟案、ファミリー向け、2階建8戸

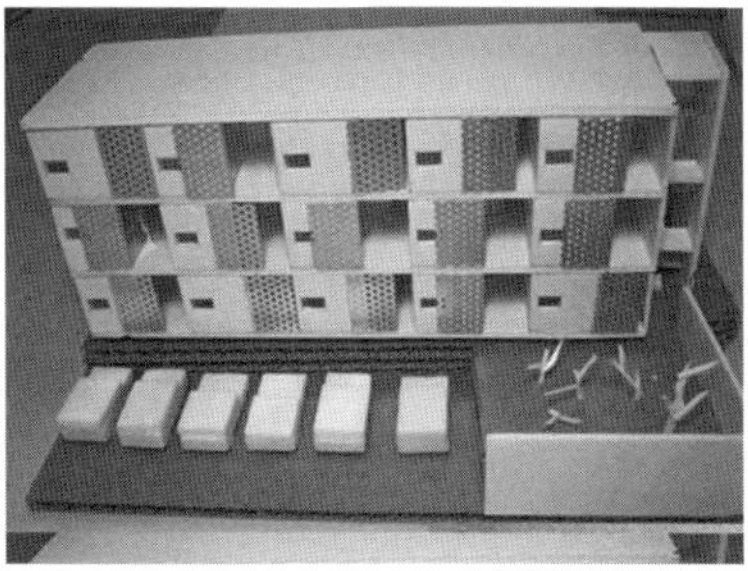
〈本町の集合住宅〉最初期案、単身者向け、3階建15戸

聞き込みや電話帳を頼りに、地元の設計事務所やデザイン事務所、建設会社を訪ねて回った結果、名古屋にある設計事務所に協力してもらえることになった。

バイクで片道1時間の道のりを毎日通い、朝10時から夜12時まで働いた。空いているデスクを使わせてもらいながら、事務所の掃除や、工務店や外注業者へのお遣いや、電話番などの雑用を丁稚のようにこなした。ほかの所員の仕事ぶりや打ち合わせのようすを見て、実務のやりかたを身につけていった。

試行錯誤の末、どうにかひとつの設計案にたどり着き、構造設計も実施設計もほとんど完了したが、完成時の姿が想像できた瞬間、「この案は実現するべきではない」という思いがよぎった。やむを得ずそれまでの作業をご破算にして、設計をまた一から考え直すことにした。協力してくれた人たちに謝罪して回るなかで当然お叱りも受けたが、設計者本人が実現するべきではないと思っているような計画を進めるわけにはいかなかった。

事業計画

どこから間違ったのだろう？　よく考えてみると、プロジェクトの根幹である事業計画についてしっかり考えてこなかったことに思い至った。業者の事業計画書をそのまま下敷きにして設計していたのだ。事業計画は設計者の仕事ではないとどこかで高をくくっていたのかもしれない。事業計画も一から見直すことにした。

〈本町の集合住宅〉敷地近所の登り窯（左）と、登り窯から発想した案、木造７戸長屋。各戸に前庭兼駐車場を配する

不動産のことや銀行のこと、金利や会計や法律について調べ、事業に関わる費用をすべて洗い出した。それらをパラメータとして設定し、エクセルでオリジナルの事業計画書をつくった。さまざまな条件下でより正確にシミュレーションできるようになると「自由」を感じた。建築がどうあれ、収支が合えばその事業計画は成立するのだ。

事業計画を通じて考えられる、ほんとうに価値ある集合住宅のありかたについても考えをめぐらせ、「（そこで暮らす豊かさ（価値））×（そこで暮らす人の数）：（事業への投資額）」で表される比の値が大きいほど「良い集合住宅の計画」だと考えることにした。

事業計画書をじぶんでつくると、さま

ざまな案が考えられた。それらを事業計画書の天秤にかけてスタディする。ある程度のスタディをくり返すと限界が見えてくる。限界を超えようとするときに矛盾が生じる。その矛盾が課題でもある。

そのひとつが駐車場の配置だった。地方では自動車が生活必需品で、少なくとも1台分の駐車場は確保しなければならない。そうすると敷地の多くの面積を駐車場に充てる必要があったが、その風景は住宅街のなかにあって好ましいものではないし、敷地をただ駐車場にすることはもったいないと思った。

そんな悩ましい課題を乗り越えるアイデアは、敷地の近所を歩いていて「登り窯」を見たときに思いついた。長屋形式の住戸に、前庭を兼ねた駐車場をそれぞれの専有スペースとして配置するのだ。敷地の分け方だけで、コストをかけずに付加価値を生み出すことができるアイデアだ。住人にとっては外部の専有スペースを持つことができ、近隣住戸との緩衝スペースにもなる。家主からすれば共有スペースが減るので、管理負担が軽減される。このアイデアをもとに、基本設計、実施設計とプランを詰めていった。

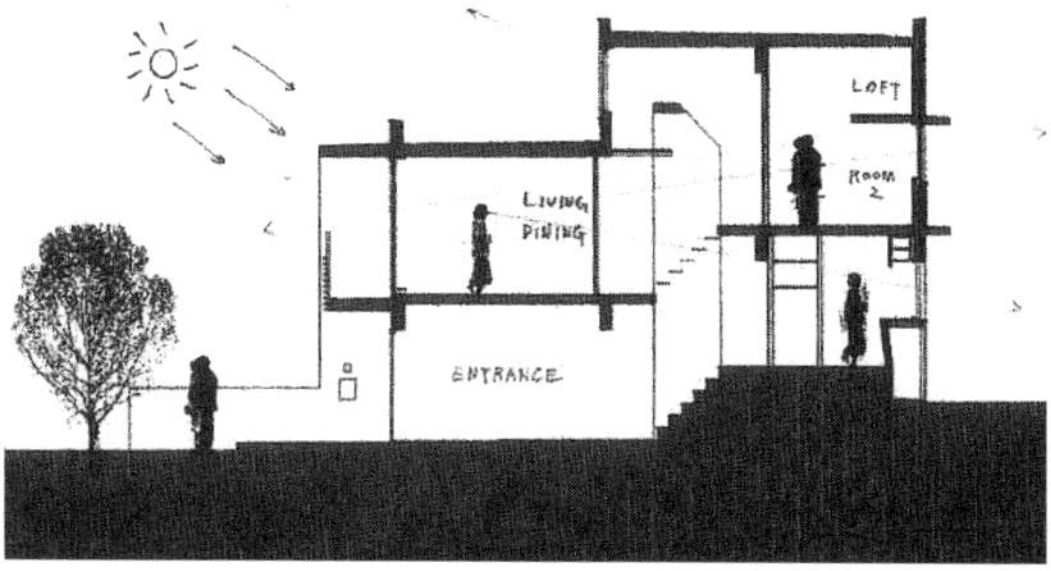

〈本町の集合住宅〉最終案、RC造6戸長屋、断面スケッチ

資金調達

一方で、資金調達は難航した。当初、住宅金融公庫の事前相談に出向いたところ、融資できそうだということだったので、担当者と打ち合わせをしながら分厚い申込書類を苦労してつくり、提出したが、本審査であっけなく断られてしまっ

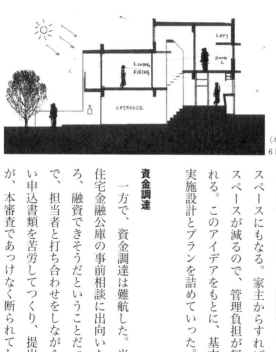

た。その苦い経験から、事前相談に行くときには、審査に関わる人と直接話をさせてもらい、率直な意見を聞かせてもらうように努めた。

いくつかの銀行に断られ、最後の頼みの綱と思って訪ねた先の担当者は、とてもエネルギッシュな人だった。大学生が計画する賃貸集合住宅という少し変わった案件を扱う度量もあったのだろう、設計内容を興味深そうに眺めたあと、事業計画の堅実さについて評価してくれ、「これなら大丈夫だろう」と融資してもらえることになった。

実施設計図面が完成し、見積りをお願いしたなかで、見積内容と質疑応答ともに一番誠実だと感じた建設会社に工事を依頼することにした。見積書の金額はかなり超過していたが、建設会社とも協力しながら２００個以上の減額案をじりじりと絞り出し、どうにか予算内に収めた。この工程は、設計を研ぎ澄ます作業ともなり、意外にも楽しかった。

〈本町の集合住宅〉工事現場のようす

現場

いよいよ現場がはじまった。じぶんの引いた線がかたちになっていく期待と不安。工事の最中は、コンクリートの躯体が失敗する夢を何度も見た。行けるときは毎日、現場に張り付いた。工程ごとの監理のポイントを付け焼き刃で頭に入れて現場に臨む。現場監督や職人に嫌がられても、気になることはとにかくしつこく確認した。こっちは当たって砕けろ、だ。長い時間、現場にとどまり、工事を

入居後の〈本町の集合住宅〉(南側外観)。外構床には水野製陶園のレンガを使い、陶製の部屋番号を工場で手づくりした

見て、現場監督とも職人ともいろいろな話をした。コンクリート打設には1日中立ち会い、大声で指示を出し、職人と一緒になって型枠を木槌で叩いた。

ベテランの現場監督は職人気質で、百戦錬磨の強者という感じだ。いつも落ち着いていて、時々「きっ」と頑固な表情を見せる。機知に富んだ「現場ジョーク」も切れ味鋭い。

「イエス・アイ・ドゥー!」と鉢巻きをした年配の大工のおっちゃんが、こちらの指示に朗らかに答える。仕事はてきぱきとして頼もしい。建築現場で働く職人には、気持ちが良い人が多い。扱うものが大きく、協力しないとできない、ものをつくるという実際的な仕事が、人間の気持ちを大らかで謙虚にさせるのかもしれない。

2006年6月末にどうにか竣工を迎えたが、満室になるまでは気が休まらない。なんとか入居者を集めようとオープンハウスを企画した。知人の陶芸作家5人に協力してもらい、1住戸を展覧会のようにスタイリングした。チラシをじぶんで制作し、不動産屋に配って回り、陶器や雑貨を扱うギャラリーにも置かせてもらった。当日は思った以上に盛況だった。来場者の1人に「あったかもしれないもうひとつのすてきな常滑の風景を見せてもらった」と言われたことが嬉しかった。その後、賃貸集合住宅の運営は好調で（元の業者の提案より事業収支も良い）、地方のきびしい経済条件の中でも理想を実現させることが可能であることを証明できたと思っている。

東京、そして再び常滑へ

　この〈本町の集合住宅〉に関わりはじめてから3年以上が経ち、25歳になっていた。プロジェクトを終えたあとは東京のアトリエ系設計事務所で修業するつもりだったものの、竣工後の半年程度はメンテナンスや入居者への対応などのために常滑に滞在する必要があった。

　そのあいだに、親戚の所有する戸建の空き家を賃貸住宅にする計画を思いつき、設計施工を請負って、その代金を上京資金に充てることにした。基本設計のあとは、現場で身体を動かしながらつくる。シロアリ駆除から、大工、左官、板金、天窓工事まで、家1軒に関わる工事のほとんどを素人なりにやり抜いた。テント地の幕天井や土壁塗りの建具など、随所に実験的な納まりも試みた。このときの経験が、ものづくりの感覚をより自由にしてくれた。

ブリコラージュ的に道路の基礎として使用された土管などの陶製品。常滑の至るところで見られる産地ならではの風景

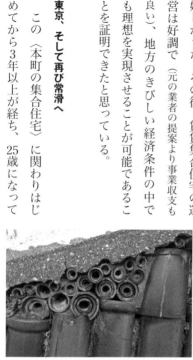

その後、東京に移り、いくつかの設計事務所のアルバイトをした。一線で活躍する設計事務所が、どういう場所で、どんなテンションで仕事をしているのかを実感することができたが、建築界の枠のなかでの問題意識にはあまり興味が持てず、所内で交わされる議論に違和感を持つことも多かった。一方で、他のアルバイトもいろいろしたが、どれも建築の勉強になった。たとえばビルの外壁洗浄では、さまざまな建物を手作業でなぞるように洗っていくため、部材のスケール感や、どこが劣化しやすいかを（スケッチよりも）ビビッドに体感できた。他には村野藤吾設計のホテルの配膳係（裏動線まで体感できる）などもした。そうしたフリーター生活に焦りを感じながら、夜な夜な「トコナメレポート２０１０」と題した都市計画案をつくることでフラストレーションを発散した。レンガ煙突などの産業遺構が残る常滑中心部の丘陵地「やきもの散歩道」周辺を対象とした計画で、長期的、巨視的に、空港開港後の変わりつつある常滑のまちの構造について考え、形にしたかった。帰省した際に、地元の友人に「トコナメレポート２０１０」を見せたことがきっかけとなり、市議会議員、さらには市長に直接プレゼンする機会を得た。具体的に何かが動き出すことになったわけではないが、手応えを感じた。

市長へのプレゼンのあと、廃校になった常滑の高校を改修して再活用する計画の検討会に誘われた。計画は若いクリエイターのインキュベーション施設を含む内容で興味深く、同時期に常滑の友人から住宅の設計依頼があったことも手伝って、これを機に常滑に移ることにした。結局、東京では2年ほどを過ごした。

（次頁）「トコナメレポート 2010」の一部。都市計画的な視点から建築のあり方を提案した

建築・まちづくりの可能性を広げる——トコナメハブトーク

以来、設計の仕事はどうにか途切れることなく今

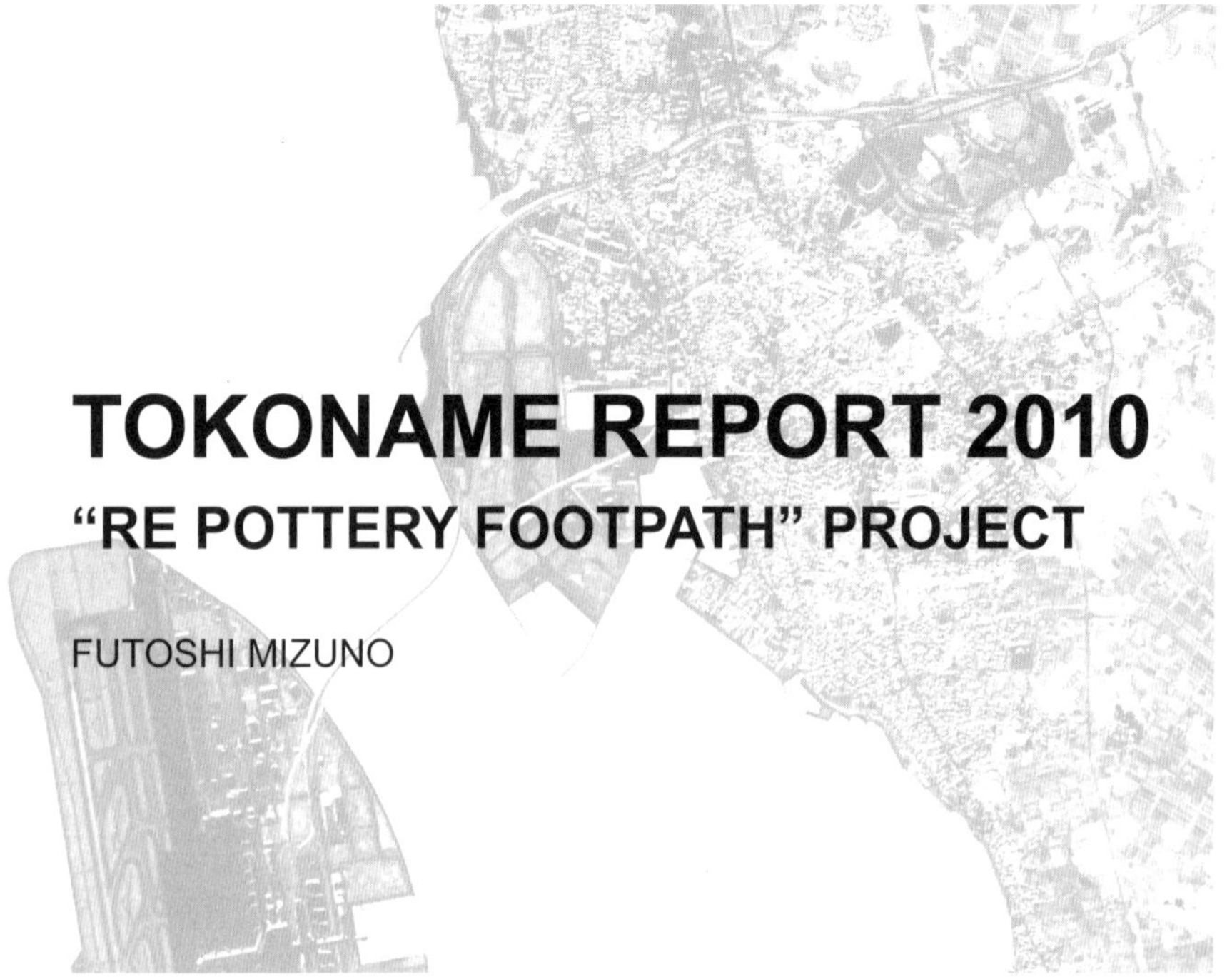

TOKONAME REPORT 2010

"RE POTTERY FOOTPATH" PROJECT

FUTOSHI MIZUNO

RE やきもの散歩道」プロジェクト

きもの散歩道地区＝生活拠点地区とするための方法

. 煙突ナンバー／散歩道の可視化

きもの散歩道地区」の道は迷路のようで目的地にたどり着くのは
かなか難しいが、その迷路性こそ散策する楽しみでもある。既存の
突にナンバーをふること、この地区の主要な散策ルートである「や
もの散歩道Ａコース」の床を可視化することは、場所のわかりやす
と迷路性を両立させるアイデアである。景観に配慮し、「煙突ナンバ
」では煙突のレンガとなじむ保護性の赤錆表面をもつコールテン鋼
のプレートを、「散歩道の可視化」では常滑焼きのタイルを床に埋
込む方法を、想定している。

. グリーンパーキング

やきもの散歩道地区」を囲む道沿いの既存駐車場の立体化（2・3
程度）により、地区住民や来客用の駐車場不足を解消する。また、壁
緑化等による緑のボリュームは街路樹のように新たな風景と領域
形成し、景観や住宅地とも調和する。

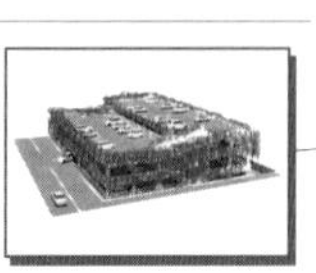

II. ガケ建築

やきもの散歩道地区」の丘の輪郭を形成する急勾配のガケ地は使わ
れることなく（真上から見れば空地）、丘の上下を分断し、がけ崩れの危
険もある。このガケ地を活用し克服することで、場所の力を引き出す建
築のアイデア。新たな空間を生みながら擁壁としても機能し、垂直動線
と立面の形成により丘のインターフェイス、移動性を強化する。

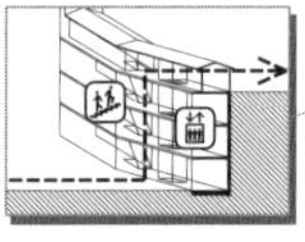

<ガケ建築の３原則>

1. 公共垂直動線（エレベーター・階段等）
2. 擁壁としての基壇部分
3. 丘の上部の既存焼物工場など周辺環境との調停をする上屋部分

＊状況により原則の全てを適用する必要はない。例えば屋外公共エレベーター等。

<断面ダイアグラム>

<ケーススタディ>

「ガケ建築」の具体例としてケーススタディＡ・Ｂを提案する。
ケーススタディＡ＝「マネキビル」／テナントビル
ケーススタディＢ＝「トコナメハート」／温浴施設＋展覧会施設

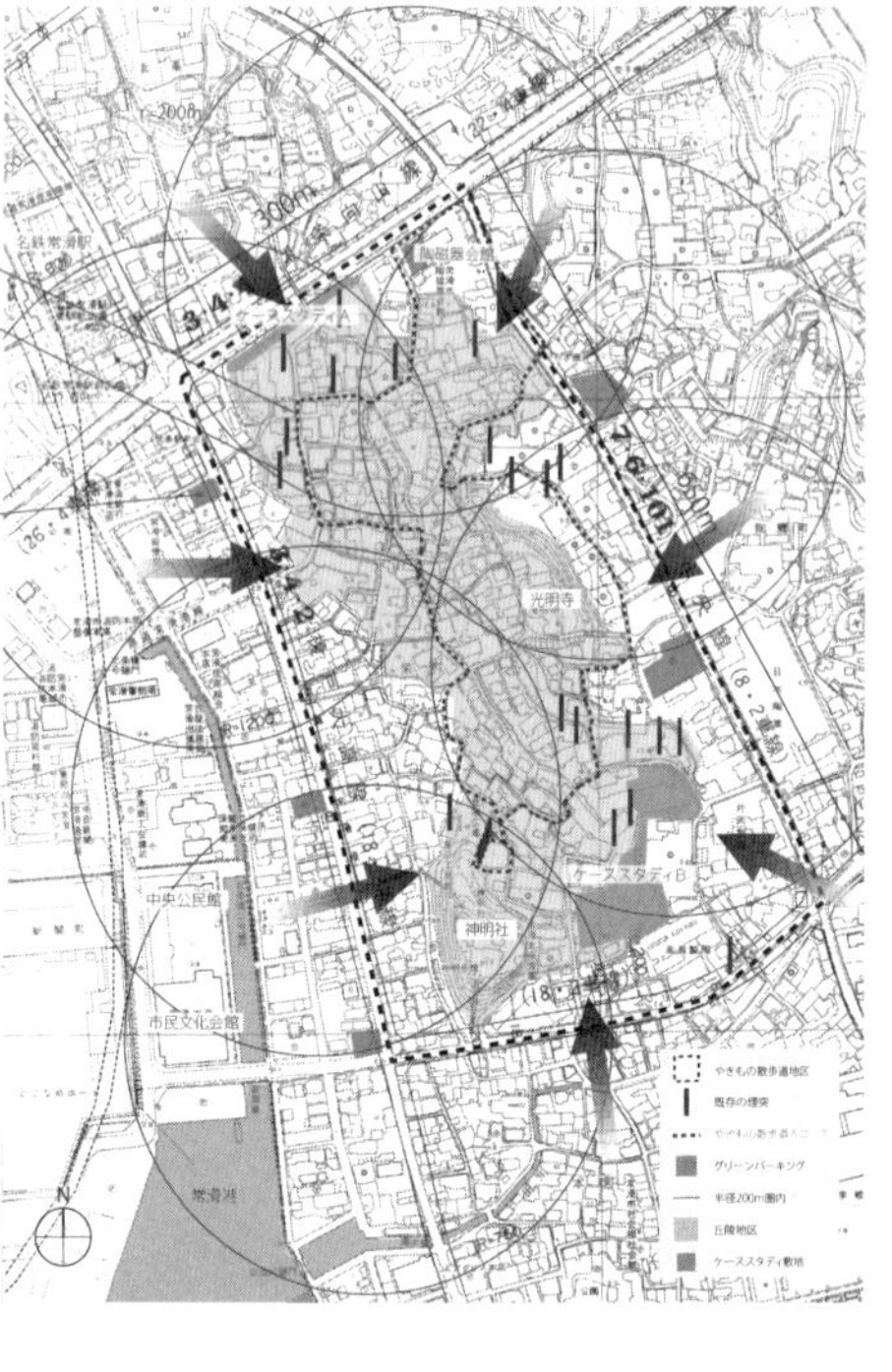

に至っている。最初に手がけた〈本町の集合住宅〉やその後の仕事を見聞きした人が設計を依頼してくれて、仕事が仕事を呼ぶ形で続いてきた。施主も施工者も設計者も同じ地元だからこそ、互いにウィンウィンになるような関係を築き、仲間として一緒に育っていくような意識を持っている。

建築設計に限らず、施工、会場構成、イベント企画なども手がけている。古い焼き物の倉庫の改修設計を手がけたコミュニティ・カフェ〈TSUNE ZUNE〉でオーナーと共に行っている「トコナメハブトーク」は、そのひとつである。常滑内外でおもしろい活動をしているさまざまな人を招き、カジュアルに語り合うイベントだ。参加者は窯業関係者、商店主、学生、市役所職員、美術館職員、大学教員などさまざまで、当事者意識の高い人が多く集まるので、実際的な動きにもつながりやすい。ジャンルや地域を超えて交流することが、まちづくりや建築の可能性を豊かに軽やかに広げる力になっていることを実感している。

カフェ〈TSUNE ZUNE〉で開催されたトコナメハブトーク vol.3 のようす。この回のゲストは哲学者の鞍田崇氏（©Hidenao Kawai）

「つくる」と「生きる」が直結した町——水野製陶園ラボ

株式会社水野製陶園（１９４１年創業、現在は叔父が経営）の主な製品は、湿式のレンガやタイルと、粘土や釉薬で、原料づくりから焼成まで一貫製造している。過去には坂倉準三や吉村順三などの建築家や、日本画家の片岡球子などの芸術家とも協働してきた。

〈本町の集合住宅〉で製品を採用した経験から、焼き物の質感や素材としての自由度の高さには大きな魅力を感じていた。常滑に戻った当初は、自身が設計する建築で製品を採用するところから関わり始め、建築家の視点からもっと力になれるのではないかと考え、社長にも働きかけ、2014年に、製陶園の技術・資材・空間を活かし、世に開いていくプロジェクトである「水野製陶園ラボ」をスタートさせた。

「技術」の面では、製陶園の強みである土づくりや釉薬の高い技術を活かすべく、焼きものの質感を大切にした湿式の施釉タイルや陶器を開発しているほか、建築家の注文に応えたオリジナルタイルの制作もしている。「資材」の面では、景気が低迷し、注文が大きく減少してもリストラをすることなくレンガ（最も普遍的な製品と考えられる）をつくり続けたためにできた巨大なレンガの山を活かすべく、建築家の視点から販促に取り組んでいる。「空間」の面では、50年以上前に自社製の陶製ブロックを用いて社員が手づくりした10棟の元社宅を再活用するプロジェクトを始めた。有志参加のワークショップも開き、場の可能性を探りながら整備を進めている。また、工場の一角をリノベーションし、「水野製陶園ラボ」のアトリエ兼ショールームも整備中だ。

水野製陶園の環境には、創業者の夢見た自由で合理的な精神が息づいている。何もなかった荒れ地に工場を建設し木を植えレンガを積み、じぶんたちの手でつ

元社宅でのレンガ敷ワークショップの様子。楽しみながら場をつくる

水野製陶園のサンプル室。陶と陶土に関する高い技術の蓄積（©Meiro Ogawa）

くった気持ちの良い環境で、窯業を営み生きること。今では工場建設時に植えられた木が立派に育ち、森の中に工場があるようだ。この延長線上に、環境とテクノロジーと人間の理想的な未来を見ている。

建築という、面白く意義深い行為

常滑の特長は産地であることだ。「つくる」ためのインフラが身近にあり、「つくる」と「生きる」が直結している。これからも、常滑のＤＩＹ精神を受け継いで、生きることの全体に関わりながら、つくることを実践していきたい。

まだ見ぬ世界の一部を現実に生み出す、建築という面白く意義深い行為、その全体がたまらなく好きだ。楽しみながら、場所とチームを育て、設計事務所や製陶園の可能性、そして産地で生きることの可能性を追求していきたいと思う。

(前頁上)水野製陶園の工場敷地内。右の事務所棟は社員の手による陶製ブロック造(©Meiro Ogawa)
(同下)製陶園内に積みあがるレンガの山。人の手で積まれた

濁った作家性、それも気持ち良い

-青森県 弘前市

蟻塚学

蟻塚学建築設計事務所

弘前市内の事務所

本州の北のはずれで

長靴の上まで積もった雪を相手に、今朝も息を切らしながら雪かきをする。出勤前の1時間。雪をかいたそばから降り積もっていくような作業。雪が多い1月と2月、これを毎日のように繰り返す。

私の事務所は青森県弘前市にある。生まれ育ったホームタウンだ。人口17万人、津軽りんごの集散地。「津軽には七つの雪が降る」と言われ、例年の積雪深はおよそ1m前後である。

事務所にはさまざまな人が訪ねてくる。設計中の住宅のクライアント、何年後になるかわからないけどもいつかカフェをやりたいという若者、工事中のプロジェクトの打ち合わせに来る工務店の社長、ディテールの相談に来る建具屋さんや板金屋さん。町会長が町会だよりの原稿を持って来たり、ご近所さんたちと参加するマラソン大会の相談におじさんおばさんが集まったり。夏休みには地元出身の建築学生を中心にオープンデスク生が集う。進学を控えた地元の高校生が建築の話を聞きにやってきたり、ただ建築が好きな東京の人がふらっと見学に来たりしたこともある。仙台からメーカーの営業さん、出版関係の編集者さん、地元の新聞記者さんなど、挙げればきりがない。

独立して8年経った現在、使用済みりんご箱を活用して家具をつくるという小さなものから、共同住宅のような少し大

冬の日課、雪かき

りんご箱を使ったテーブル(モックアップ)

きめのものまで、およそ20のプロジェクトが同時並行で進んでいる。これまで手がけたプロジェクトの半分が住宅で、残りが店舗、診療所、高齢者福祉施設など。シードル工場なんていうこの地域ならではの建物も手がけた。最近は、雑誌やホームページを見たという市外や県外の方からお声がけいただいて、車、電車、バスなどを駆使して片道3〜4時間かけて打ち合わせに通うことも増えてきた。まだ1000㎡を超える大きな規模の設計はしたことがなく、いわゆる公共施設なんかもやったことがない。ひとつひとつ小さな仕事をこなしながら、気がついたら1年が経っている、という感覚で日々過ごしている。

現在スタッフは3名。早稲田大卒の白

鳥は弘前出身。東北芸工大卒の古山は仙台出身。東京で経験を積んできた阿保は弘前出身。３人とも女性だが、フル回転で働いてくれている。仕事の進み具合からするともう少し増員したいところだが、なかなか来てくれる人がいない。こんなとき、近くに建築系の大学がないのは不利だと感じる。逆にプロジェクトひとつひとつに自分の血が通うような規模で仕事ができているのだと考えれば、それはそれで良いとも思う。

きっかけ

小学生のころ、住んでいた家のリフォームを目の前で見ることになった。工事をしてくれた大工さんの素晴らしい仕事ぶりと、寡黙で男らしい立ち居振る舞いに強烈に憧れた私は「大きくなったら大工になる」と口にしはじめた。今こうやって建築の仕事についているのは、その体験がきっかけになっている。

(次頁)弘前市りんご公園の雪景色。真ん中に工事中の〈弘前シードル工房 kimori〉が見える

高校生になって「広島カープが好きだからカープの試合を観られる広島の大学が良いな」と思い広島大学を受験した。そんな浅はかな理由で、生まれて初めて弘前とは違う場所に住むことになったのだ。近畿から中国、九州地方出身の友人が多いなかで、青森はもちろん、東北出身は私だけ。

「青森なんか行ったことない。どんなとこなん？」と聞かれて答える。

「えーとね、言葉が聞き取れないくらい訛っていて、たくさん雪が降ってたいへんで、弘前の街はこぢんまりとした城下町なんだけど風情があって、桜がすごいきれいで、やっぱり青森りんごって美味しくて、訛ってるんだけど人は優しくて…あと魚もこっちより美味しかったり…」と。故郷から遠く離れた場所でそんなやりとりを百回、二百回と繰り返しているうちに、弘前の良さが頭にしみついて離れな

くなってしまった。

実際、建築学生らしく日本全国、世界各地の色んなところに旅をして見えてきたのは、「弘前って良い街だなぁ」という実感だった。巨大すぎず身体で直接感じられるほどよい規模、趣や文化がぎゅっと詰まった密度の濃さ。多少のひいき目を差し引いたとしても、さまざまな街を見てまわったなかで出色だった。

そして、何かの拍子に「弘前の人口がどんどん減っている」「商店街がさびれている」という話を耳にして以来、「建築なら、弘前の街に良いことができるんじゃないか」と考えるようにもなった。

浅はかながらも広島を選んで運が良かったのは、広島が地方都市としては群を抜いて「建築家が育つ街」だったことである。建物のことは建築家に相談する文化があり、レベルの高い建築家がひしめきあい、建築家が大学に出向いて学生に教え、卒業した学生が建築家のアトリエの門をたたく。私もいつのまにか脈々と流れるその流れの一端に乗せてもらうことができた。

師匠との出会い

師匠である三分一博志さんに出会ったのは、大学3年の夏だった。三分一さんが初めて『新建築住宅特集』に発表する住宅〈ケース・スタディ・ハウス〉の撮影を手伝いに行き、それがきっかけでオープンデスク生として通うようになった。4年になる春休みも事務所に入り浸って、住宅〈テラス・ハウス〉の基本プランを三分一さんと先輩の所員と3人でずっと考えていた。トイレの寸法ひとつとっても決まった型がなく、ゼロから考えるような作業を何度も何度も繰り返した。「この事務所だったら良い経験が積める」と思って、三分一さんに入所したいと伝えた。

4年生になっても週の半分以上、また夏休みもフルで事務所に通いつめた。青森市で集合住宅の実施コンペがあったときは、三分一さんらしい太陽光の入り方をまとめた提案が二次審査に残った。安藤忠雄氏とジャン・ヌーヴェル氏という素晴らしい審査員のコンペで、しかも故郷が舞台。今私がやらないでどうすると、2月の二次審査まで、学業そっちのけで事務所に泊まり込んで作業した。二次審査会場の東京大学まで模型を運び、審査の行方を見守ったが、残念ながら結果は佳作に終わった。

入所した当時の三分一事務所はまだそれほどプロジェクトの数が多くなく、すべてのプロジェクトに3人全員で取り組むような状況だった。三分一さんは、決まって「これどう思う?」とスタッフの意見を求めてくれた。それがとても抽象的な禅問答のようで、何を言ってもほとんどダメなのだが、彼の思考の深度に触れることができる貴重な時間だったように思う。

東京で100個より青森で100個

弘前で独立すると決めたとき、「なんで青森に帰るん? 田舎は設計の仕事少ないじゃろ。」と、何度となく色んな人に言われた。三分一事務所で働いている間、夜中に仕事が一段落して息抜きに行くのは、近くの元安川の川岸だった。同僚と一緒に近くのコンビニで第3のビールを1本ずつ買ってきて、アレコレと途方もない話を繰り返した。それぞれが建築家として独立するという同じ夢を持った若者たちである。必然的に「なぜ独立するのか」「どこで独立するのか」という話題に話がふくらんだ。「わざわざ青森でやらなくても、今のまま広島でやったり、東京に出たりしたほうが食っていけるんじゃないか」と。

そんなとき私はいつも「東京で建物を100個設

計するよりも、青森で１００個設計する方が意義は大きい」と話していた。東京１３００万人のなかにひとつ建物をつくるのと、青森１３０万人のなかにひとつ建物をつくるのとではそのインパクトと重みが10倍違う計算になる。さらに自分の一生をかけて１００個の建物を設計したとすると、青森では東京の１０００倍の重みを持つ仕事をすることになる。だから私は青森に帰って設計をするのだ、と。若気の至りであまり深く考えずに言い始めた言葉なのだが、未だにその考えは変わっていない。

帰郷、独立

故郷である弘前に帰ったのは２００８年の夏。せっかくだから最後までということで担当していたオタフクソースのお好み焼き博物館が完成したタイミングだった。生後6ヶ月の長男を軽自動車に乗せて、関西から北陸をぶらぶら観光しながら帰ってきた。

(左上)まちおこしの馬車／(右上)〈アリの家〉
(下)〈友人宅の塀〉塀だけで空間をつくり、遊びをサポートする(© 三澤章)

帰ってくるにあたり、特段受注していた仕事があったわけではなかったので、最初はとても暇だった。朝9時から仕事を始めて、お昼ご飯を食べた後は、近所に住む叔母がくれたカゴいっぱいのくるみをひとつひとつ割ってみたり、庭の手入れをしたりして過ごした。17時には仕事を終えて、長男と一緒にご飯を食べてお風呂に入り、21時に就寝した。お金はなくても、叔母が野菜を持ってきたりご近所さんがおすそ分けをくれたりとなんとか生活できた。今思えばいわゆるスローライフというか、とてものんびりした穏やかで素敵な時間だったと思う。

それでも、朝3時には目が覚めてデスクに向かった。みんな徹夜でやっているのにという焦りもあったし、三分一さんの横で世界のレベルを経験したと思えたことが、自分のなかのモチベーションだった。

津軽の実験住宅

　そんなやる気に満ちていながらまったく仕事がないなかで、帰郷して最初に取り組んだのは、アリの家をつくることだった。自分の名前とも掛けて、本気でアリの家を考えたらどうなるんだろうという思いつきである。何よりせっかく自作したホームページに載せる作品写真が欲しかった。その後は知り合いのおばさんの家のリフォームの設計をしたり、まちおこしの馬車をつくってみたり、ローカル線の駅舎をみんなで塗装してきれいにしたり、若い建築家ということで面白がって声をかけてくれたことにはなんでも首をつっこんだ。

　2年目には、隣に住む友人のために塀を設計した後、住んでいた古い家屋の改修に取り組んだ。半分を住居、もう半分を事務所としてつくりかえたその建物を、私は〈津軽の実験住宅〉と名づけた。広島で建築の経験を積んだ私にとって、雪国での建築の実践は手探りだった。多少無理をすればできなくもないが、そんなやり方では信頼して仕事を頼んでくれた建主さんに申し訳ない。そこで、まず自分の場所で試験的に施工してみて、良ければ設計に採用し、悪ければ改善の道を探ることができるようにしたのだ。

〈津軽の実験住宅〉ガルバリウム板金のディテールの研究（© 三澤章）

　手始めに、地元の大工さんに「津軽では見たことがない」と言われた焼杉板やフローリングなどの木材を、広島の知己の業者に頼んだりネットショップで探したりして取り寄せ、張ってもらった。耐候性の高いさまざまなレンガタイルを買

い集め、並びを変え、目地色を変え、目地の詰め方を変え…。左官職人に色々と話しながら張ってもらった。同じく耐候性が高く雪国で壁仕上げに多く用いられているガルバリウム板金は、凹凸や笠木のないシンプルな納まりにするにはどうすれば良いか、職人さんとディテールの研究をして、小さな物置の壁に葺いてもらった。それから、木製サッシをつけてみたり、外断熱工法を試してみたり、たまたま見つけた使えそうな照明器具を試してみたりと、今も色々なことを思いつくたびに実験し続けている。実際、設計者自らが、事務所に来た建主さんに対して、「これが5年使った木材です」と説明できるのは、単なる実験という意味を超えて大きな意義があると感じている。雪が降れば雪に埋もれた様を観察して積雪に耐えうる材かどうか検証することができるし、古い軒先のすが漏れも、まだ実物を見たことのないスタッフや学生たちにとっては、そのメカニズムを知る活きた勉強材料である。

(前頁左上)気になる素材やディテールを実験的に施工して耐候性や意匠性などの検証を行う。サンプル片を見ただけではわからない表情や挙動を確認することができる／(同左下)無垢のフローリングは自分たちで定期的にメンテナンスしている。建主さんが負うことになるメンテナンスの作業を設計者がしておくことは重要

寒冷地でこそ成立する空間づくり

そうして実験住宅でディテールや素材の試行錯誤をしながら、寒冷地での住空間がどうあるべきか、近くの事例を見たりするたびに考えるようになった。寒い地域では、熱損失を抑えるために開口部に気をつける必要がある。壁を厚くし窓を小さくして気候的に安定した空間をつくるというのが定説だが、寒いというだけで開口部を小さくしなければいけないことには悔しい思いがあった。

そこで考えをめぐらせたのが、大きな開口部で太陽光を受け入れ熱を逃がさず、緩衝空間として寒さを遮るサンルームを備えた空間構成だった。外に近く、建具で環境をコントロールできるサンルームであれば、物干しや子どもの遊び場など生活の所作に必要な多様な環境をつくることができる。

弘前で初めて手がけた新築住宅である〈冬日《ふゆび》の家〉には、実験住宅で試した素材を使い、冬のか細い日の光を取り込んで逃がさないような二重ガラスのサンルームを備えた。よく考えると広島で採り入れたら暑すぎてクレームになるような構成で、この地域でなければ成立しえない空間づくりのきっかけを見つけられた気がした。間もなく着工するというタイミングで東日本大震災が起き、物流が麻痺して資材が届かなくなるという危機に見舞われたが、２０１１年の10月にはなんとか完成にこぎつけることができた。

翌年には子どもが生まれるのを機に自邸として中古住宅の改修に取り組んだ。子どもたちが育ち出ていく20年後にはモノも自分たちの生活も大きく更新されると考え、〈20年の家〉と名付けて必要十分な性能を確保するための改修を行った。当分のあいだ子どもたちと一緒に寝てごはんを食べるための多用途な畳の居間と、子どもたちのための小さな個室、南側の光が目一杯取り込まれるサンルームは子どもの遊び場になると同時に増える一方の洗濯物を効率良く乾かすための空間として設えた。単に寒さを遠ざける領域としてではなく、住宅における重要な役割が重なった空間としてサンルームを設けることは、その後のプロジェクトにおいても大きなテーマとなった。

〈冬日の家〉北側と夜景。寒さを遠ざけるサンルームが住空間を守る構成

地方じゃなくて、ホームタウン

実際に「地方」と呼ばれる場所に住んでいる身にとって、この「地方」という

言葉はなんだか居心地が悪い。どうしても視点が中央から外を向いている言葉なので、私たちにとっては押し付けられている感覚というか、「こっちじゃないあっちのほう」という疎外感を抱いてしまう。かといって「地域」というのも何か違う。だから、私は「ホームタウン」と言うようにしている。全国各地の誰でもが自分ごととして使える、中央でも地方でもない感覚が気に入っている。

ホームタウンで仕事や生活をするメリットはたくさんある。仕事をするうえで欠かせない人脈はすでにできていてゼロから築く必要がなかったり、わざわざ家賃を払って借りるまでもなく住むところがあったり。お隣さんや近所のおばさんから野菜や食べ物を分けてもらえたことは、私がかけ出しのころにお金がなくてもやってこられたひとつの要因である。つくづくホームタウンに助けられながら生きている。そして何よりも、自分の設計した建築が完成して、

〈20年の家〉子どもたちと一緒に食事、睡眠、遊びを行うための畳の居間。動かしやすいように手かけのついたちゃぶ台は立てておける非対称のかたち

生まれ育った街がダイレクトに変わっていく様を見ることができるのは、このうえない仕事のモチベーションになっている。

またここでは、知人の名前を二つ三つ言えばお互いにつながってしまうようなことが往々にしておこる。だから、小さな改修の仕事であっても、ひとつ良いものができるだけであっという間に街中に伝わる。きっと街なかのよく見える場所に2、3件ポンポンとできれば、それだけで「あそこは今すごい勢いがある」となるだろう。とにかく噂の伝播のスピードが速いのだ。もちろんそれは逆に言えば、小さなクレームひとつでも速いスピードで悪評が伝わり、公私ともに大きな打撃になりかねないということでもある。

〈地平の家〉生活と寒さのバランスをとるため、これまで低温と高温という概念しかなかった緩衝空間に「中温」を導入した住宅

そんなこの地域で仕事を続けていくにあたって、私は仕事を選ぶための網の目のサイズを意識的に小さくしている。いわゆる建築作品として有望な仕事だけを選びとるのなら網の目は大きくするだろう。常日ごろからそうした仕事ばかりを手がけていたほうが、作家としての純度が増すのは間違いない。網目が細かければ当然作家性は濁る。それでも、濁った作家性が自分の作家性なのだと言い切るのも、なんだか気持ちが良い。経済のサイズが小さく、また建築のリテラシーが高くないこと、自分のキャラクターもからめつつ、この地域ではどれくらいの網の目なら持続性があるのか、ひたすら考えた結果の選択で、今も微調整しながら仕事を進めている。

「設計士」とは呼ばれてもめったに「建築家」とは呼ばれない土地柄である。すぐ近くにいる町医者のように、建築に関するよろずの相談にのって解決していくこと。それもこの地域で建築家に求められている職能なのだと感じる場面は多い。この場所で、ここでしか通じない言葉（訛り）で、ああだこうだと小さなリフォームのアドバイスをして、お礼に漬物をもらうなんていう、ほかではめったにないような日常が楽しくてしかたがないのだ。

遠く遠く

　青森県は過疎化や高齢化のスピードが早く、逆の意味で地方のトップランナーと言われる。でも時折ふと、これくらい小さな規模の街なら、東京に出て行った若くて優秀な連中が全員帰ってきさえすればなんとかなるんじゃないか、と思うことがある。それくらい簡単なことのような気がする。

　残念ながら弘前に住みながら建築を勉強できる大学はないし、瑞々しい経験を積むことができる建築家のアトリエも少ない。だから、若者が進学や就職で東京に行くことは止めないし、できれば貴重な経験を積んで帰ってきてほしいと思う。

　そのときに私は「自分もホームで生きていけるかも」と思えるような、地味ながらも良い目印になりたいと願っている。遠くのほうで何かやってるな、と都会に住んでいる若者から見える目印。誰の活動も見えない真っ暗なようすの故郷には帰りにくいだろうし、田舎でもちゃんとできるんだという気づきを与えられれば良い。

　だから引き続きこの場所で良い活動を続けて、良い発信をしようと思う。

うちなーの建築を探して

–沖縄県 うるま市

蒲地史子

久友設計(株)

勤務先のデスク

「ここって沖縄?」

締切から2週間以上遅れている。東京ではありえないことだろうが、沖縄でも、もちろんこんなことは許されない。「うちなータイム」というおおらかな時間感覚があるが、私の周りの「うちなーんちゅ(沖縄県民を指す方言)」は皆、時間を守る。その点、私のほうがより「うちなーんちゅ」らしいかもしれない。

この原稿は、沖縄の那覇新都心にあるカフェで、近くに座っている猛勉強中の中学生に集中力を分けてもらいながら書いている。以前は米軍の住宅地だったこのあたりは再開発が進んでいて、反対運動に遭いながらも、高層のマンションやホテルが堂々と鎮座している。沖縄で愛されるすーじぐぁー（建物と建物の隙間が生む人の通る程度の通路）は見当たらず、車が行き交う道路が碁盤の目に走る。かつては激しい戦地であったことなど、今ではかけらも感じられない。モノレールの駅で聞いた修学旅行生の言葉が胸に引っかかる。「ここって沖縄？」

ニュータウン育ち

私は兵庫県の川西市で生まれ育った。もともとあった町と、「阪急電車を拡張させよう！」という旗印の下でつくられたいくつかのニュータウンで形成されている市である。いちじくの名産地で、実は三ツ矢サイダー発祥の地でもあるが、大阪の都心部で働く人のベッドタウンという性格が色濃い。中でも私が過ごした「日生中央」は沿線の終着駅が最寄りで、ニュータウンの北限に位置する町である。私が住んでいたころ、この町は開発のエネルギーに満ち溢れ

ていたが、今は地区にある小学校の児童数も減っていると聞く。

当時の私の遊び場は、深山池公園という大きな公園だった。1周歩けば30分はかかるくらい広い割にブランコと滑り台しか遊具がなかったが、ダム建設のために水没した地区にあった茅葺きの民家2軒が園内に移築されていて、そこによく通っていた。置かれていた錆び付いた農具を物珍しく眺めたり、雨の日でも外の土のようにドロドロしない土間を不思議がったり、周囲に根を張るシロツメクサの増殖力に驚いたりして、畳の古臭さ以外は好きな場所だった。

折々に帰省する母の実家は滋賀県にあり、畑と田んぼに囲まれた牧歌的な田舎だった。木造の茅葺き屋根で、薪で沸かすお風呂や釜戸が残る土間の台所があり、西山夘三が言うところの、馬を養う農家のための造りそのものであった。明るい田んぼの水平

線を背に駆け回った後で仄暗い家に入ると、田んぼがまた違って見えた。

建築の世界へ

中学、高校時代と家族の病気と不和があり、私にはどうすることもできないジレンマがあった。そんななか、高校3年生のころに、建築雑誌で清家清の「わたしのいえ」を知った。戦後のさまざまな規制があるなかで、暮らしを中心に考えられた彼の住宅が胸に押し寄せてきた。建物が家族を、人を、幸せにすることができるかもしれないと淡く考えた。それは今でもずっと心で信じている。

大手前大学に進学すると、勉強はしてこなかったが決断力はあるような子が多くて、ただ不真面な私にとっては刺激的な毎日だった。たとえば、家具に興味を持ち家具職人を目指す子や、空間のなかでも花に心を奪われて、まずはその配達に必要と考えら

れる軽トラが運転できるようにマニュアル免許を取得する女の子がいたりした。

1年の夏には、工業高校の男子生徒たちに混じって2週間の現場のインターンシップに参加した。鉄筋コンクリート造のマンション建設現場は遠く姫路にあり、始発の電車で向かい、鉄筋を結束したり、生コンを一輪車で運んだりしては夜遅くに帰る日々だった。

自ら進んで参加したにもかかわらず、はじめのうちは「女に何させるんや」と思っていた。けれど、1日中働いて体力と知力を使いきっているはずの職人さんたちも翌朝になればいつも笑顔を見せていたので、男も女も関係なく、人としてみっともないことは言えないなと思うようになった。

そのインターンには私のほかにも3人の女の子が参加していて、そのうちの大人びた女の子の1人が、屈んだときにTバックが丸見えになるような格好で

働いていた。自分は真剣な現場でこんなことをするまいと思っていたものの、しばらくして流行った股上が浅いレギンスをうっかり履いていったときには、先輩から「君のパンツなんか誰も見たくない」と注意された。今でも「男社会で働くって大変ですね」と声をかけられることがあるが、女であることをひけらかさず、おばさんの価値を上げるくらいの心意気を持っていれば、何とかやっていける気がしている。

沖縄へ

大学4回生のころ、設計事務所に勤めたかったが自分にはその力がないだろうと考えた。就職活動を行い建材メーカーに内定をいただいたが、やはり設計に携わりたいと考え直し辞退した。そのころ、おつきあいしていた同級生の彼に地元の宮古島に帰ると告げられた。どこに行っても設計に携われるだろうと考え、宮古島に行くことにした。当時はＬＣＣが運航しておらず、資金も余裕はなかったので船で3日間かけて宮古島にわたった。

が、そこは光も、花も、空も主張が強いように思えて受け入れられなかった。冬でもすぐに乾く厚手の洗濯物、そこにまぎれこむ見たことないサイズの蜘蛛、すぐに焼ける肌……海なんて行かなくても、気候のほうからこちらに迫ってきた。

一方で、皆家に鍵を掛けないで外出したり、どこに誰が住んでいてどんな問題がおきたのかを知っていたりするような、コミュニティの濃さも体感した。居候先のお父さんは本業の傍らでヤギを養っていて、専用の場所で屠殺したヤギを家の台所でさばき、お店に卸していた。流し台に残る血の臭いや、時々仕込んでくれるヤギ汁の生命力あふれる香りが家中を包み込んだ。

通り過ぎる風や、建物の間隔の広さ。毎日はとても静かなのに、異なる環境に感覚だけは敏感になってしまった。1年を過ぎたころ、彼が沖縄本島で弟妹と暮らすこととなり一緒に渡った。

建築の仕事に携われるかもしれないと考えた。沖縄の設計事務所のことはまったく分からず、当時は資格もなかったが、受け入れ可能な会社をハローワークで教えてもらい、就職した。

ブータンのちゃんぷるー

入社して初めて担当した物件は、首里城のお堀沿いを走る龍潭《りゅうたん》通りに面した、3階建ての複合ビルだった。

契約前のプレゼンを準備していた私は、そのまま自分が担当できると考えていたが、一枚も図面を描いたこともなければ、工事監理もしたことのない者に任せてもらえるわけがなかった。「できます」と当時の所長に泣きながら訴えたものの笑われただけで、

名護市にある県指定有形文化財「屋部の久護家」のヒンプン（台風を遮り、通りと家を隔てる緩衝帯）

結局工事を調整する補佐役に落ち着いた。

現場が世界遺産群である首里城のお膝元ということもあって、施主の意向で景観に配慮して足場を囲うことになり、そのアイデアを沖縄県立芸術大学に通うブータンからの留学生に依頼した。彼らが提案してくれたのは、長さ1ｍ弱の角材を10ｍほどの間隔で渡し、その隙間にＰＰバンドをひねって取り付けたものをひとつのユニットとして、20組ほど足場の最上部から垂らすというものだった。それはまるで滝のようで、ＰＰバンドが揺れるようすが風を感じさせた。青、黄、赤、緑などの色はブータンの織物からとったものだったのだろう。風を視覚的に見せながらの、見事な〝ちゃんぷるー〟だった。

龍潭通りは、首里城からもモノレールからも眺められることから、沖縄のなかでも特に厳しい景観条例の対象になっている。クリーム色、またはコンクリート打ち放しの壁に赤瓦という建物群が、通りの

周囲に深く、低く回されたアマハジ(庇がつくる軒下空間)

雰囲気を統一している。赤瓦の色は沖縄の土の色だ。その朱色は沖縄の濃い青空と補色関係で、お互いを鮮やかに浮かび上がらせる奇跡的な関係になっている。ただ、中にはサンバイザーのつばのように見えてしまう赤瓦の庇があったり、寄棟など傾斜屋根にする必要のない鉄筋コンクリート造では過去の遺物のような形でしか取り入れられていなかったりと、その良さが失われつつあり、ひとつひとつの建物の美しさも置き去りにされている。美しさは空との対比にあるということに立ち返って、瓦という形態よりも赤土という素材と向き合っていく必要があると感じた。

沖縄と建築

はじめのころは、建築のことも沖縄のこともわからないから、いろんな人が先生だった。西側に居室を配置したプランを提案して、施主さんに「沖縄の夏の午後、西側の部屋で過ごしてみなさい」と静かに怒られた。当時の所長からはよく、技術者になれと注意された。ドライヤーからどうして冷風と温風が出るか分からないと言うと、仕組みが分からない人間は設計には向かないと言われた。人生は総力戦だから経験がなくても自分ができることで補えとアドバイスをもらったりもした。仕事の合間に時間をつくって映画や美術館にたくさん行くことが自分をつくることだと教えられた。行った感想を伝えると「もう少し自分の感覚を信用しなさい」と言われ、自信を持って美しいと思ってよいのだと知った。初めてコンクリート打ち放し住宅の工事監理を行ったときは、「俺が建物をつくっているのだ」と言わんばかりの型枠大工の大きな自負を感じた。昨今の打ち放しコンクリートの保護材に白色を入れ、明るく見せる方法に対して、年月を経て固くなるにつれ、徐々に黒光りするコンクリートが美しいと話す現場監督がいた。打ち放しコンクリートでは気泡の跡が見えるが気にならないかと問うと、その部分も含めて好きだと答える施主もいた。コンクリートという素材への信頼性とともに愛情を抱いている県民性に驚き、嬉しく思った。

先輩もいなかったので、自分よりも経験の浅い子と公共建築の設計をまとめながら、事務や経理の仕事を引き受け、その上に並行して一級建築士の受験勉強にも取り組んだ。入社して4年ほど経ったころに、さすがに心身の限界を感じて退職し、一度建築の現場から離れることになった。

1年ほど時間をかけて体調を戻しながら勉強に励み、試験に臨んだ。無事合格した後、誘いを受けて入ったのが、現在勤めている久友設計である。

沖縄にはハウスメーカーの進出がまだ少なく、建売を買う歴史が浅いため、家を建てるときには知り合いのつてをたどって設計士に頼む人が少なくない。ありがたい習慣だが、最近は建売を買う傾向も徐々に強くなってきて、設計事務所では生き残りをかけた模索が始まっていた。私の会社も例外ではなく、従来通り住宅の設計を引き受けるだけでなく、プロポーザルやコンペにも積極的に参加して、新たにフィールドを広げようとしているところだった。

学び多きコンペ

入社して2年目を迎えようとするころ、40歳以下の設計者を対象とするコンペに会社の代表として参加した。北部に位置する名護岳と名護湾を眺める展望台を、ビジターセンターとして改修する内容だった。コンペでは縦すべり出し窓にランダムに木柄のダイノックシートを張り、室内に影を生む案を提出していた。

運良く選ばれたものの、実現性に注文がつき、そのますぐに実施設計に入ることはできなかった。

カフェや案内機能などの屋内スペースを確保しつつ夕日を眺められるようにしたいとの要望と、快適な室内空間の両立が課題だった。設計工期が3ヶ月という時間的なプレッシャーと闘いながら、運営を担う民間事業者との対話を繰り返した。

最終的に辿り着いた計画には、窓にlow-e複層ガラスを採用して日射熱の流入を低減し、午後の強い日差しは縦スリットの可働再生木ルーバーで遮るアイデアや、床に墨モルタルを用いて、濡れたような質感とルーバーの影が涼やかさと森の静けさを伝える演出を盛り込んだ。そうして生まれた景色は、私が昔見ていた川西や滋賀の風景に似ていることに気づいた。沖縄を見つめているようで、私の心のなかの風景を無視することはできないのだと痛感した。

実施設計が終わったころ、コンペの審査委員の一人だった前日本建築家協会沖縄支部長の島田潤氏に偶然お会いした。「(当初の案から) 変わってしまい

〈Subaco 名護城公園ビジターセンター〉2016年、第2回沖縄建築賞の正賞・新人賞を受賞した

斎場御嶽と久高島

怖いです」という私の一言に、察したように「最終的に美しくあればいい」と声をかけていただいた。その場、その場で勝負していけとの応援のように思え、ぱっと霧が晴れた瞬間だった。同時に、「この土地で自然を伝え、人々の暮らしを豊かにしたい。それをきちんと長く実行するために収益を上げる必要がある。だからつま先まで意味のある設計をしてくれないと本当に困るんだ」という運営担当者の訴えの意味も、そのときようやく分かった気がした。何を求められ、何が大切なのかを見極める冷静な心を持たなければいけないと思った。

　またこのプロジェクトを通して改めて気付いたのは、自然が持つ力の違いだった。ビジターセンターは植林された公園の木々と名護岳から続く森の境に位置するが、植物が訴えてくる力強さはそれぞれまったく異なるものだった。

　沖縄は、自然から感じる神様との距離が近いように思う。季節の折々に親族総出で先祖を迎え入れたり、シーサーや石敢當《いしがんとう》を魔除けにしていたりと、生活に根付いた風習があるばかりでなく、自然の力が強い場所が各地に残っている。たとえば南部には、斎場御嶽《せーふぁーうたき》と呼ばれるところがある。首里から巫女が訪れ、神の島と呼ばれる久高島に向かって祈りを捧げていた地として伝わる場所だ。倒れかけた岩を別の切り立った岩が支えるようにしてできた空間を通り抜けると、木もれ日の向こうに光る久高島が見える。暗いトンネルとひんやりとした空気の先に、砂がきらきらと光る島を見れば、誰もが祈らずにはいられない。

沖縄の風景を取り戻すときには、気候や風土をとりいれた建物だけでなく、御嶽や拝所など自然の力が強い場所をゆっくりと再生させることも大切だと感じる。それがうまくできれば、修学旅行生に「ここって沖縄？」などと言わせないだろう。

今取り組んでいるプロジェクトはサッカーやラグビーの選手や観客のための施設である。クラブハウスとしての機能と観客席が屋根と庇によって一体化したものを提案した。内地の人には伝わりにくいが、3月ごろから11月ごろまでの晴れた屋外でのゆんたく（おしゃべり）は、陽がじりじりと肌を射す。屋外で建物がつくる安定した影は、ひとつは直上階の床や屋根によってつくられるピロティ、二つめは庇がつくる軒下空間アマハジ（雨端）だと思う。室内環境を空調機で快適に整えられる今、その機能が薄まりつつあると感じている。夏の食べ物が冷たいことがご馳走なように、影や風も暑さをしのぐ人にとって最高のごちそうだ。庇の先端にはミストシャワーを設け、室内の人も窓を開ければ気化熱で涼しい。地面のレベルでは、床は平面的に弧を描きながらアーチ状に浮かし観客席とし、一人一人の視線には選手も他の応援者も視界に入るように計画し空間全員で

沖縄の基地

一体となるような競技スペースを目指している。先日着工し2017年の春に完成予定だ。

沖縄でできること

沖縄には魔法の言葉がある。「だっからね〜」だ。

「なんで、打ち合わせ通りにできてないのですか？」「…だっからね〜」

こう言われると、こちらは何も言い返せない。最初に事実を認めながら、「原因は自分の力の及ばない部分だからね〜、分からないよ〜」と言っているように聞こえる。じりじりと照りつける太陽の下、争いを避けようとする人間の知恵だ。気長に話し合いを続けるのには本当に根気がいる。

基地で勤める人たちは、おしなべて丁寧で礼儀正しい隣人であり、沖縄の経済を支えてくれている存在だ。この原稿を書いている数日前に、私の住むうるま市で米軍属の人間による痛ましい事件が起きた。

凶悪な犯罪への悲しみと基地問題への感情、未来への戦争反対への思いが入り混じり、本当に沖縄が何をしたいのか内地の人へ届けられていないと感じる。

アメリカが自国以外の地域の安全を守るというシステムは、世界の均衡が変わってゆくなかで、今後何十年かのうちに意味をなさなくなると思っている。ただ、政府やアメリカへの交渉の切り札は、まだない。エネルギー資源への期待の高まりか、観光立県としての存在感の向上か、極東アジアの空路や海路のハブとしての復活か、いずれにしても、基地を無くす交渉の切り札を模索することは、沖縄にとって良い方向にフィードバックされていくだろう。

これからどれくらいの時間をかけて経済の移行と基地の返還が行われるかは分からない。基地は本島面積の2割弱に相当する。どんなに内地の人間が計画すると言ったって、何らかの形で基地返還後の都市計画に関わるつもりだ。まだ働き盛りか、もうおばぁになっているか分からないが、私にできるのは、そのときまでひたむきに腕を磨くこと。私の力を尽くしたい。沖縄はまだまだ、まだまだこれからだ。

何もない、理想の環境を見つけた

-徳島県 佐那河内村

島津臣志

島津臣志建築設計事務所

古民家を改修した自宅兼事務所

人口2500人の村が拠点

徳島県唯一の村、佐那河内村。徳島市に隣接しているこの村は、東西9・5㎞、南北4・5㎞の広さである。徳島市からのアクセスもよく、車を少し走らせると、緑豊かな山と美しい水が流れる川が目に飛び込んでくる。至るところに田んぼや畑、すだち、ももいちごなどさまざまな果樹園が広がっていて、2500人が暮らしている。

この小さな村が私の拠点である。2015年6月、この村に私たち家族は移住してきた。村で唯一の建築家である。

昨日はこの村にある空き店舗の活用方法について

の会議に出席していた。数年前から閉店しているこの店は、かつては、商店、コンビニとして、地域の人たちが立ち寄り、日々の出来事を共有しあう場所だった。閉店してもなお、こうした役割を期待する人たちは多く、そのような声を受けて、村が借りて、改修することになった。村の人たちが集まってきて、食事をしたり、毎日のことを話したり、また、今度は村へやってきた人たちに向けても、地域の情報を発信できるようにする予定だ。こうした漠然としたイメージを持ちながら走りはじめたプロジェクトに、私は村の建築家として、村民として、参加している。

会議のあとは、メンバーたちと懇親会だ。テーブルにならぶのは、近くの山で獲れた猪、鹿、山菜、釣ってきた魚。獲るのも捌くのも、料理をするのも自分たちだ。この村で暮らしはじめたときは、村の人たちのこういったスキルに驚かされたものだ。和気藹々と盛り上がっているメンバーの顔ぶれは、税理士、教育関係者、映像作家など多種多様である。ここに挙げた人たちは全員が移住者であり、それぞれの職能を生かして、地域の活性化に関わっている。これに役場職員、地元の農家、主婦が加わり、昼間の会議の話題も酒の肴となって、にぎわっている。

いつもの光景が繰り広げられている。現在は、この空き店舗改修プロジェクトのほかに、U・Iターン者が住むための空き家改修の設計をしている。移住して1年経って、近所の人や、地元の大工さんから家のことについていろいろと相談をいただくようにもなった。新築の相談もあれば、中には雨漏りの相談もあったりする。この村で建築家として何ができるのか自問自答しながら、またこの村の想像を巡らしながら、日々、村民として暮らしている。

古民家改修の世界を知る

小さいころから絵を描くのが好きだった。毎晩、布団のなかで、なにかしら頭に思い浮かんだことを、枕元のノートに描いていた。小、中、高とサッカーに明け暮れていたが、進路を考えたときにサッカーと自分の将来が結びつかず、幼いころの記憶が蘇ってきて、描くことを仕事にできないだろうかと考えるようになった。建築の設計なら描いたものが実際に形になると思い、地元の専門学校に通った。住宅の設計がしたくて、非常勤講師だった建築家の富田眞二先生に就職先を相談したところ、古民家改修を多く手がけている事務所を紹介していただいた。当時はリノベーションという言葉を聞いたことがなかったし、既存の建物1棟をまるまる改修するなんて考えたこともなかった。所長の青木稔さんにお会いして、就職が決まった。就職先に選んだ理由は、他の建築家がやっていないことをしている姿がおもしろそうに見えたからである。青木さんは、世の中に新しい建築がどんどん建てられたバブルのころから、古いもの、今あるものを活用した住宅を設計していた。有名無名に関わらず、職人の手によってつくられたものを残したいという思いが強く、また建築家であるにもかかわらず、家を建てることに懐疑的な人であった。新築の依頼が来ても、今住んでいる住宅があるなら、それを利用しようと提案する場面に何度も出くわした。

青木事務所では8年間お世話になったのだが、その中で新築は5軒ほど、あとはひたすら改修の現場だった。古民家改修だけでも15棟くらい関わった。築150年を超える古民家もあれば、比較的新しい住宅の改修もあった。朝から現場へ向かい、床下や天井裏を這いまわって調査をして、夕方に帰ってくる。そこから、事務所で既存の図面を起こす作業である。しかも、当時でもすでに絶滅しつつあった手描きだった。もともと描くことが好きで設計の道に進んだので、図面を描くのは楽しかった。さすがに

(次頁)佐那河内村の風景。木下商店の左隣が自宅兼事務所

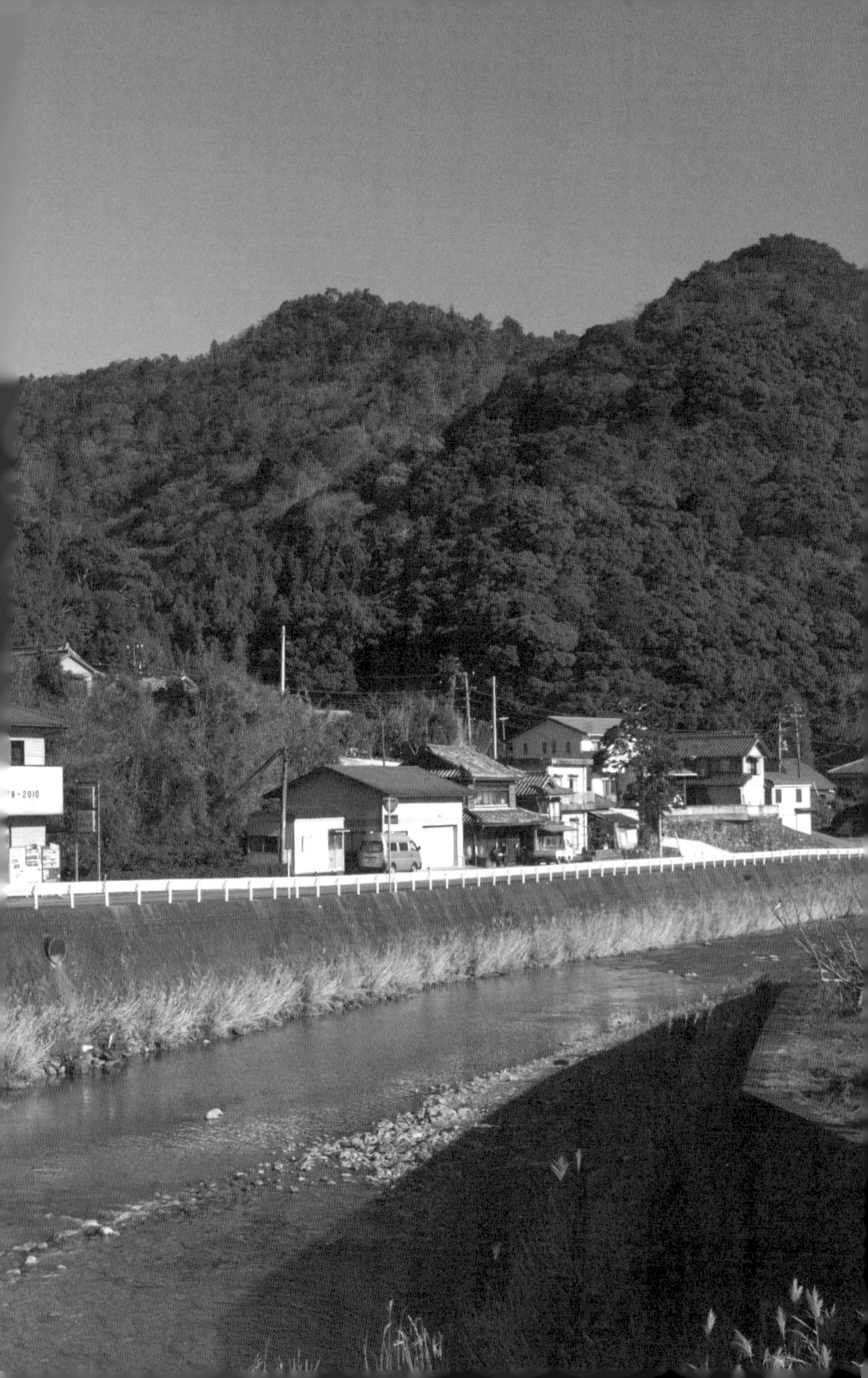

木下商

今は大半の図面はＣＡＤで描いているが、平面詳細図と矩計図だけは手で描いている。設計はあらゆる寸法を決めていくのだが、手で「描く」ことによって、曖昧な状態からきっちりと寸法を決めるまで、いい具合に迷いながら、進めていける。それになにより、やはり「描く」ことは楽しい。青焼機やドラフタが壊れても、メーカーが対応できなくなっていたので、似た形の部品をホームセンターで買ってきて、自分たちで加工して修理をしていた。また、所員が増えて、事務所が手狭になったときは、製図室の隣の倉庫に所長室をつくろうと、自分たちで勝手に設計して、施工も自分たちで行った。快適な所長室をつくりあげると同時に、所長を事務所の奥に追いやって、所員の空間も快適になった。まさに頭と体を動かす、汗と泥にまみれた楽しい修業期間だった。

　そして、30歳を目前に独立を考えるようになった。

設計者は時期が来れば独立するものだと勝手に思い込んでいて、自分もそういう時期がきたと思った。すぐに仕事があったわけでもなかったが、8年間過ごした事務所を辞めることにした。

独立延期

　独立の準備をしているときに、所員を募集していた内野設計の内野輝明さんから、少しのあいだ手伝ってほしいと声をかけていただいた。独立するつもりだったので迷いはあったが、長いあいだ、古民家改修というニッチな世界にいたので、少し違った世界を知り、偏った考えを矯正しようと、お世話になることにした。こうして独立は少し延期となった。このときも富田先生に相談した。先生は数年前に亡くなられたが、設計された住宅が完成したときには、見に来るように声をかけてくださり、建築の話をよくさせていただいた。人生の節目でいつもお世話になった方である。

内野設計では、歯科医院から始まり、寺、庫裏、カフェ、別荘とそれまで関わったことのない建築の設計を経験させていただいた。そのときは、図面と現場に追われていて、毎日をなんとかやりきることで精一杯だったが、こうして関わったプロジェクトを書き並べてみると、どれもがおもしろい現場だったと思う。仕事の仕方も違っていた。青木事務所では、ひとつの現場を全員で進めていたのに対して、内野設計では基本的には1プロジェクトを所長と所員1人が担当する。最初から最後まで、所員が責任を持ってやり通す。もちろん大変なことは多いが、得ることはそれ以上に多かった。また、独立を前提としていたので、そのあいだに自分の仕事の依頼があったときには受けてもいい、と了承していただいていた。後半は内野設計の仕事と自分の仕事をしながらという、とても慌ただしくも濃密で、楽しい時

間を過ごすことができた。こうして、あっという間に3年が経ち、今度は本当に独立することとなった。

移住

ありがたいことにさっそくいくつか新築住宅の依頼があった。そのころにはリノベーションという言葉をよく聞くようになっていたが、古民家改修からしばらく離れていると、自分とは関係のない世界のように思えていたし、そもそも話すら来ないだろうと思っていた。

そうして、独立してから2年が経ったころ、仕事をする環境について考えるようになった。それまでは徳島市内のマンションに暮らし、住宅街に事務所を構えていたが、もう少し自然に近いところで仕事をしたいという思いが湧いてきた。建築家として、住宅を設計し、クライアントに暮らしを提案する立場として、自分自身の暮らし方を見直したかった。

自分の理想に近い環境で暮らしながら、設計活動に取り組もう。そう考え、さっそく妻に相談した。和歌山県の高野山麓で生まれ育った妻もいつかは田舎で暮らしたいと思っていたらしく、どうせなら事務所だけでなく家も移そうということになった。

とはいえ、現場は徳島市を中心にいろいろなところにあって、あまり山奥に行ってしまうとさすがに不便なので、徳島市の中心街に近くありながら、自然豊かな環境を探すことにした。２０１４年の夏のことだ。そして、この矛盾したような条件に当てはまったのが、現在暮らしている佐那河内村である。

佐那河内村は、徳島市とサテライトオフィスや地方創生で全国的に有名な神山町とのあいだにある。今まで、神山町に行く際に何度も通り過ぎたことはあったが、村を訪れたことはほとんどなかった。とりあえず、借りられる住宅があるか役場を訪ねた。そこで総務企画課の安富さんに出会った。そして、自分たちの要望を伝えると、今度は村の実情について説明してくれた。少子高齢化、人口減少、空き家増加と全国至るところで問題になっているが、佐那河内村も同様だった。安富さんはその問題に対して、真剣に向き合っていた。村からの帰り道、行政職員ってあそこまでやるのか、と妻と話したのを覚えている。

何もないところに惹かれた

村の人たちは村について「何もないところ」とよく言っている。私たちも引っ越してきたときに「何もないところに、何で来たん？」とよく聞かれた。実際、これまでもこの「何もない」、手付かずの風景に憧れ、県内外からの移住を望む人は大勢いたのだが、彼らが住むための住宅がなかったという。農業が中心の村は、農家が所有している宅地以外はほとんど田畑で、住宅を新たに建てるのが法律上難しい。そこで行政は空き家を利活用して、移住者の住まいにすることを考えた。また、彼らが引っ越してきたあとは地域の人たちとうまく交流できるように、村の若手が立ち上げた「ねごう再生家」、「宮前笑会」らの組織によるサポート体制があったり、（公社）徳島県建築士会木造建築研究会（以下、木研）による空き家カルテづくりや移住までのフローの作成、移住する前から、移住者と地域の人たちをマッチングさせるなど、とても丁寧につくり上げられた仕組みができつつあった。ただ、実際に空き家を改修するとなったとき、村には大工をはじめ各種工事の職人がいるので、工事をすることはできるが、改修のための図面を描ける人がいなかった。そこをどう解決するかと悩んでいたときに、私たち建築家夫婦（妻も一級建築士である）がふらっと役場を訪ねてきたというわけだった。あとで安富さんから聞いたのだが、「救世主がやってきた、この機を逃せない」とすぐに「ねごう再生家」のメンバーを集めて会議が行われたそうだ。

運良く空き家が見つかり、移住することになった。初めて村を訪れてから、約1ヶ月での決断だった。目に見えるコミュニティが残る地域で、緑に囲まれ、川で遊びながら、のんびりと暮らそうと目論んでいた私は、久しぶりに古民家改修と再会することとなった。

（次頁右上）事務所内観
（同右下）事務所階段

おおらかな古民家

私たちが借りることになったのは、目の前に川が流れていて、山の稜線で切り取られた空を一望することができる、築100年の典型的な田の字プランの古民家だった。空き家になって1年、もともとこの家は商売をされていた家系らしく、新たに私たちがやってきて、ここで事務所を構えたとしても地域の人たちはあまり違和感を覚えないだろうということ

とで、この住宅を紹介してくれた。この村では、地域と移住者をなじませるために、家が持つ歴史、地域の特性、これから住む人の職業、生活スタイルを考慮しながら時間をかけてマッチングしている。この作業を丁寧にすることで、移住してきた人たちはそのあと、すっと地域になじんでいく。あたかも昔からいる住人のように、地域の人たちと交流しながら暮らしている。

１００年の歴史を持つこの住宅に偶然住むことになった私たちは、「敬意を持って、この家の改修に取り組もう。今の自分たちだけが快適で便利な空間をつくるのはやめよう」と、そう考えていた。そこで必要な耐震補強、仕上げや水廻りを新しくするだけで、間取りはできるだけそのままにすることにした。この考えはこのあと関わった改修設計にも共通している。

新築住宅を設計するとき、どうしてもクライアントのそのときの生活スタイルを中心に考えて、物事が決定されていく。しかし、子どもがいる家庭だと、子どもの成長によって生活スタイルが変わっても、その変化に対応できるおおらかさが今の住宅にはないように思う。それに対して、古民家の田の字型プランは、誰かのために計画されているわけではない。ゆえに多少の不便はあるが、少しの工夫と我慢で誰でもそれなりに住みこなしていける。現代の人は、そんなおおらかさを持った古民家に惹かれているのかもしれない。

(前頁左上)事務所２階土壁
(同左下)事務所外観

職人の技術

もうひとつ心がけていることは、できるだけ地元の職人と一緒につくることだ。この村には多くの職人がいる。特に大工は木材を手刻みで加工してきた経験を持つ人が多い。現在、木造建築を建てる場合、よほど意識しない限り木材はプレカット工場で加工

三和土土間作業

されて、現場では組み立てるだけだ。大工の手間を少なくし、工期を短縮できて、費用を抑えられるメリットはあるが、曲がった梁で構成されている古民家を改修するときには、このプレカットでは対応できないことが多い。白蟻の被害にあった柱や梁を交換する場合、大工が現場で寸法を押さえながら、手で刻み、加工していく。美しく、かつ迅速である。

こうした地元の大工のもとでは若い人たちが働いている。プレカットしか経験がない若い大工にも改修に関わってもらうことで、手刻みの技術が伝承されていくのを期待している。

三和土土間工事

我が家の改修も終わりに近づいたころ、事務所の床をコンクリートから三和土の土間に変更することにした。毎日のように現場に通って、ねごう再生家と一緒に汗まみれになり、自分で体を動かして解体していると、考え方まで泥臭くなるのか、そんなことを思いついた。三和土とは土に石灰とにがりを混ぜて練ったものを叩き締めたもので、古民家の玄関の床で見ることができる。さっそく、お世話になっている造園業の方に相談して、土、石灰、にがりの配分、施工方法を教えてもらった。叩き締める道具も売ってないので大工さんにつくってもらった。土は、地元の土建屋さんに相談すると、ちょうど掘削で出たのがあるとのことで、譲ってもらった。ねごう再生家のメンバー、学生、友人ら、2日で30人ほど集まってもらって、朝から夕方までひたすら叩き続けた。終わるころにはみんな疲れ切って、無言で作業をしていた。翌日、筋肉痛で手が震えて鉛筆が持てなくなる人がいたほどの重労働だった。

土間工事に参加してくれた、ねごう再生家、大学生、友人

みんなの家、地域の家

こうして、改修工事も終わり、2015年6月、佐那河内村に引っ越した。緑に囲まれて、川の流れる音を聴きながら、ゆったりと仕事をしようと目論んでいたのだが、自らが引っ越すことで事業が動き出すようになり、パタパタと移住者と空き家、地域のマッチングが進んだ。地域の人たちのサポートを受けて移住をしてきた私たちが、今度は逆の立場に立ち、さまざまな想いを持って移住してくる人たちを建築家という自分の職能を生かしてサポートしていくのである。立て続けに4件の改修に関わることとなった。

はなれをオフィスにしたり、築30年の

住宅を友人や地域の人たちが集まることができる場所にしたり、クライアント自らが職人兼現場監督となって改修した現場など、いろいろなリノベーションに関わった。これらすべて移住者が住む家だが、共通しているのはどのクライアントも自分だけの家ではなく、みんなの、地域の家という意識が強いように思う。設計段階でいろいろな物事を決めていくときも、みんなが使うことを想定しているのである。打ち合わせのときにも、「みんなが使うから、こうしよう」「みんなが集まることを考えると、こっちがいいかな」という言葉をよく耳にした。普段住宅を設計しているときにはあまり聞くことはない。設計者の私も一緒になって、そこに住む人以外の人の顔を思い浮かべながら設計している。まるで不特定多数が使う公共建築を設計しているかのようだ。のんびりとしていて、何でも受け入れてくれそうな寛容な村の空気が、私を含めた移住者にもそうさせているのだろう。景観を維持していくために、村が木研に委託して策定された「村づくり作法集」というデザインコードをもとに改修は進められているのだが、みんなのこうした意識があるかぎり、作法集は開かれることなく、自然と景観は維持されていくに違いない。

〈南佐古の家〉(左)と〈南沖洲の家〉(右)

地域で仕事をすると決めた以上

人口2400人の村を拠点にしようとしたとき、そんなところに行って仕事があるのかと心配してくれる人たちもいたが、楽観的な私はどうにかなるだろうとあまり心配はしていなかった。今の時代、どこを拠点にしても、やろうと思えばできる。現在は、隣の神山町でも、古民家改修プロジェクトや、地産地食をテーマに町の将来を考える「Food Hub Project」に関わっている。クライアントや一緒に仕事をしている人たちは東京を拠点にしている。片や都会、片や山に囲まれた小さな村。関係者はそれぞれの居場所にいながら、地域について考えている。メールやWeb会議で連絡を取り合いながら、仕事は順調に進んでいる。

もともとは自分たちが思い描いた暮らしを実践しようと移住を考えたのだが、幸いにも移住先に自分のこれまでの経験を活かせる機会があった。何もない、誰も知らない地域で仕事をしていくと決めた以上、自分の職能を活かし、地域での役割、居場所をつくりあげて、地域に根差した建築家として、村の将来に少しでも役に立っていければと考えている。

2拠点、どちらでも働き、生活する

-富山県 富山市
-東京都 文京区

齋田武亨＋本瀬あゆみ
本瀬齋田建築設計事務所

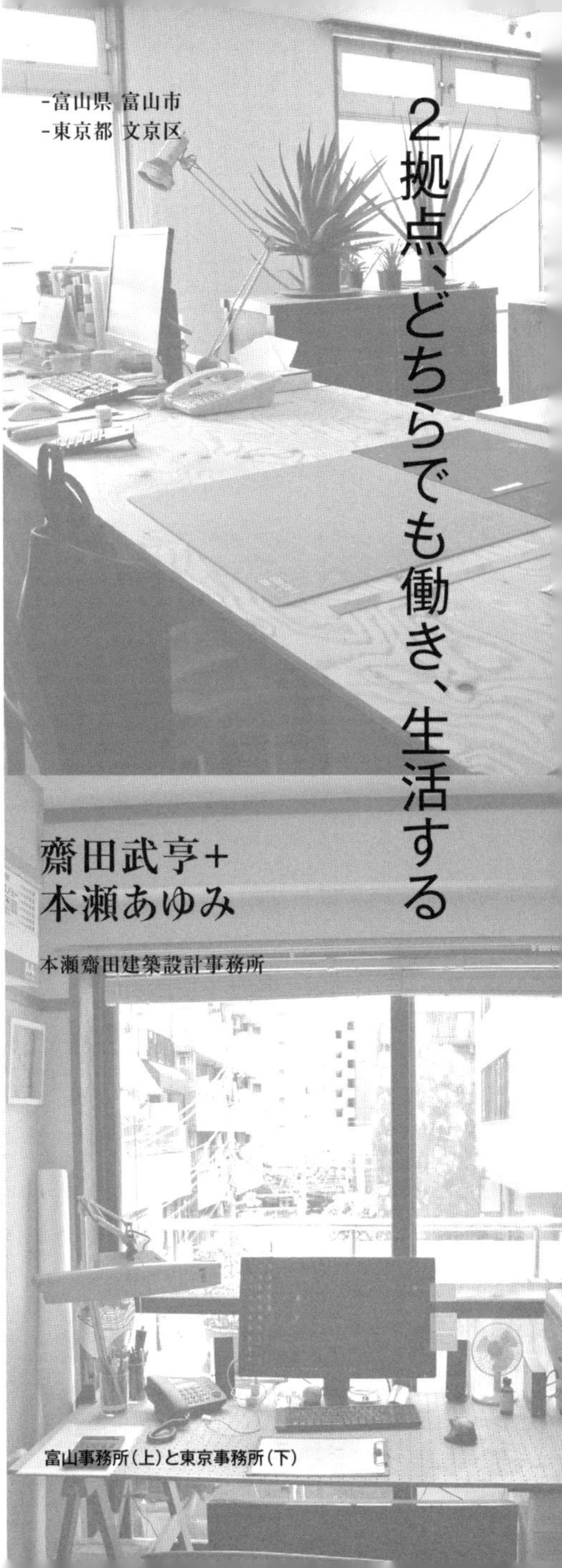
富山事務所（上）と東京事務所（下）

東京と富山、2拠点居住（本瀬）

私たちが東京と富山の2拠点生活を始めて3年になる。当初はできるだけ早く拠点を富山に集中させたいと思っていた。東京には友人も多く情報も沢山あるけれど、地域を中心としてコミュニティをつくろうにも、住人の入れ替わりが激しく上手くいかず、不満を感じていたからである。しかし、夫であり仕事のパートナーである齋田が富山で独立し、自由に行き来できるようになると、2拠点だからこその良さに気づくようになった。しばらくはこの体制を続けたいと思っている。

現在は月に1回程度どちらかが東京か富山を訪問

している。進行中の仕事は個人宅の検討やインテリアなど、2人で完全に担当するほど大規模な仕事はないので、プロジェクトごとにどちらかがメインになって仕事を分担している。齋田が東京に来るときは、首都圏に拠点がある協力会社と打ち合わせをしたり、展覧会を見に行ったりして、滞在日数は2〜3日ぐらいが多い。私が富山に行くときには、地元の方々との親交を深めたり、街を見て歩いたりし、自分の作業を持ち込んで、3日〜1週間とできるだけ長く滞在するようにしている。それぞれがプロジェクトを担当しているあいだは、2拠点でまったく問題ないが、この先、協働が必要になることが増えていくと、体制は変わってくるのではないだろうか。

富山での暮らし（齋田）

私は現在、富山市の中心市街地に自宅と事務所とをそれぞれ借りて暮らしている。富山市は、東京都23区を倍にした面積に世田谷区の半分弱の人口が暮らす密度感の街だ。当然、自動車交通が主要だから、地元の方々には「車を持たないと何もできないよ」と言われたが、未だに車を持たず、自転車と公共交通で暮らしている。実際はコンパクトシティ政策のおかげで、街なかの移動や東京との行き来は公共交通で容易に賄えてしまうし、平坦な地形のため自転車での移動は快適である。ただし、やや離れた郊外へ行く場合は、いつも近隣に住む友人たちの厚意に助けられている。日常のコミュニティに恵まれたことは、富山に暮らすうえで一番の幸運であった。

日本海特有の天候や都市機能の規模に寂しさを感じる移住者も多いようだが、私は茨城県茨城町出身で街には電車が走っておらず完全な車社会であったり、本瀬は青森県弘前市出身で農業が基幹産業の雪国育ちであったりと、より小さい地方都市の出身であることや、この気候や生活に慣れていたことも、

富山市内の風景

HORAGUCHI

富山にあまり不便を感じていない一因だと思う。

隈事務所所員として富山に常駐する（齋田）

富山に住むきっかけは、隈研吾建築都市設計事務所（以下、隈事務所）による複合再開発ビル〈TOYAMAキラリ〉の常駐監理であった。

隈事務所には、2015年9月まで10年間お世話になった。私が入社した2005年から現在では、所員数が5倍程度にも増加し、物件数も人数に比例するように増えた。そんな環境で、入社当初から住宅、保育園、博物館など、さまざまな実務を経験できたが、中規模までの物件が多く、しだいに大型物件に携わりたい欲求が強まっていた。その矢先、27000㎡にもおよび、ガラス美術館、市立図書館、銀行からなる複合施設〈TOYAMAキラリ〉の案件を聞いたときは、「どうしても設計したい!!」と立候補し、半ば強引に担当に就けて頂いた。

現場での隈さんとの打ち合わせ

また、腰を据えてひとつの建物を完成させたい想いが強まった時期でもあった。そのころは常に数物件を同時進行させ、アイディアの洪水のなかを泳ぐような（ときにおぼれかける）日々で、刺激的ではあったが、もどかしい気持ちも抱えていた。富山での大規模案件というチャンスを前に、私は現地に住み込みで監理を行う希望を直属の上司に訴えていたが、多忙な事務所環境を鑑みてサラリとかわされていたので、キラリ設計チームのリーダーだった共同設計者RIAの設計部長を味方につけて、設計期間中に富山出張で上司と飲む度に「良いものをつくるためには、施工者よりも設計者のほうが現場に詳しいくらいじゃないとダメだ！」と交渉し続けた。

（お酒のチカラも借りて）理解が得られ、念願叶い、着工まもなく単身赴任で富山に住み始めた。常駐スタッフは、隈事務所から荒木海威さんと私、ＲＩＡから河合慎太郎さん、事務スタッフの横田香織さんの４人で、地元設計事務所の三四五建築研究所を含めた各社から、時期によってさらに数名のスタッフが通っていた。

隈さん本人も、多いときでは毎月のように現場を訪れていたが、どうしても遠隔による打ち合わせが主体とならざるを得ない。余談だが、隈さんとのメールのやりとりは、「添付ファイルは数百キロバイト以内」「複数案を提示する」「ガラスと躯体の違いがひと目で読めるように描く」など多くの掟が存在

する。隈さん自らを相手とするプレゼンの鍛錬は、最終的には客商売である建築設計者の私にとって、代えがたい価値のある財産になったと思う。

しかし、一方で建築設計には、サンプルなど実物の質感や３次元表現が不可欠であり、画面で見る３ＤＣＧと模型の立体視とでは、情報の種類がまったく異なるため、実際に顔を合わせる打ち合わせも欠かすことはできなかった。東京から通いで来たスタッフが模型やサンプルなどを持ち帰って打ち合わせを行い、状況に応じて私たちが都内に帰ることもあった。その気になればすぐに行き来が可能な東京と富山の距離感も、密なコミュニケーションを可能にした重要な要素であったと思う。

利用者に愛される公共建築をつくりたい（齋田）

常駐での目標は明確で、ちょうどその当時、新潟で竣工した〈アオーレ長岡〉が私の目指す成功例だ

った。〈アオーレ長岡〉は、デザインが好きな建築でもあったが、施設を見学に訪れた際の何よりの驚きは、建物管理者や市民の建物に対する愛情を至るところに感じたことだった。利用者に愛されてこその良い建築なのだな、と感銘を受けた。

富山では、まずは利用者となる近隣住民に建物を知ってもらうため、私が広報役を買って出た。とは言え、まるで地縁のない地域であったので、どこから声をかけようか迷っていたところ、大学時代の先輩を通じて参加した都市間交流のイベントで、富山市ＮＰＯの「まちづくりとやま」に当時おられたスタッフと知り合った。想いを伝えたところ、彼女も建築設計の出身で「絶対やったほうがいいよ！」と意気投合し、みるみるうちに、街なかに集まる学生や一般住民へと、ガラス作家を養成する学校への、二つの説明会の機会を整えていただいた。外観の最終検討で隈さんとの打ち合わせに使った、１・４ｍもの大きな模型を持ち込み、10枚以上のデザインパースを次々と見せて、建物コンセプトや使われ方の理想、隈研吾本人についてなどを、設計担当者の観点から話すことにした。本来の業務範囲外の活動だったので、恐る恐る再開発組合や富山市の担当者へ企画の了解をお伺いしたところ、〈ＴＯＹＡＭＡキラリ〉は富山市にとっても中心市街地活性化事業の一環として重要な位置づけとされていたため、意外なほどに歓迎され、その後、前述とは別に商店街の方々へお話をする機会も頂いたし、地域の建築家やデザイナー仲間など、さまざまな対象への説明をさせていただいた。また、施工者や組合を主体とする再開発事業本体の協力もあって、近隣小学校の児童を対象とした工事現場見学会やワークショップを開催したり、ときには、近隣児童の夏休みの自由研究の手伝いで、施工の担当者と現場を案内したりと、最終的には2年半の常駐期間中、月1回以上の頻度

（上）〈TOYAMA キラリ〉完成後（©Kai Nakamura）
（下）多くの住民が参加してくれた工事現場見学会

で説明や案内の機会を設けていたので、振り返ってみてびっくりしたものだ。建設現場は、設計も施工も、本来の業務だけでも遅い時間までの勤務が続くのだが、皆で笑いながら準備ができたのは、建物をつくる側の各々がこの現場への愛情を持てていたからなのだろうと思う。

完成が近づくにつれしだいに、自転車での通勤中に住民の方から呼び止められたり、住民自らが、まだ建物を知らない市民や観光客に説明してくれるようになった。竣工時には、住民主体の手づくりパレードで建物の完成を喜んでもらい、近所のご婦人から「今日これから行ってくるよー!」と手を振ってもらい、中学生からは利用者としてのレビューをもらい、嬉しいお声がけをたくさん頂いた。その後も、縁のできた多くの方々が引き続き建物を宣伝してくださっている。建物管理者や運営者の愛情のこもった運用によって、設計当初、私たちが想い描いた空

間よりも、より心地よい施設に育っているようで、一担当者としてとても幸せに感じている。多くの方が私の話に耳を傾けてくれたのは、私が「隈事務所」のスタッフであったことや、市民の関心がもともと高かったからだとも思うが、都心とは違い、地方ならではの当事者意識や、新しいデザインの完成を共にお祝いするお祭りのような、文化的な感度が非常に高い住民性によるものなのかもしれない。

富山の街、自然、コミュニティ（本瀬＋齋田）

齋田が現場常駐監理を行うなかで、独立してからも富山で仕事をすることを考え始めた。住んでいても知らない人ばかりの東京と比べて、富山では街を歩いたり、仕事をするなかで、顔見知りに会うことがあり、楽しい。地方と言うと「東京とそれ以外」という整理になりがちだが、当然地方にも規模などによってさまざまな状況があり、そのなかでも富山

市は顔が見える規模感でありながらさまざまな活動をしている人がいて、コミュニティの大きさが自分たちに合っていると感じた。

また、同じ規模のプロジェクトでも、街や風景により深く関われる。都心のプロジェクトだと、建築物自体よりも中に入るコンテンツのほうが周囲に与える影響が大きい。その点、地方都市では敷地が面している通りのコンセプトから考えたり、周辺の景観と連動させたりする余裕や視点が持てる。

齋田が富山に住み続けたいと言い始め、不安もあったが、何度か通ううちに、公共交通や教育サービスが充実していて、都市生活の利便性も受けることができることが分かってきた。私たちは都市生活

五箇山でのかまくらづくり。市街から車で1時間程で行ける

の利便性を確保したまま、少しだけ顔の見える場所にスライドしたような感覚でいる。加えて車で1時間走るだけで落差日本一の称名滝《しょうみょうだき》や、散居村《さんきょそん》などの自然や農村の豊かな風景に出会えることも大きな魅力だ。

顔が見える関係で仕事がしたいし、都市生活も続けたい、設計活動を通してより街に関わりたいし、自然も魅力的である。条件が揃い、富山で生活し仕事を続けたい、という思いが強くなってきた。

商店街のシェア事務所で独立（齋田）

富山に来て初めてできた知人であり、多くの富山の活動家たちと私をつなげてくれた兄のような恩人が、中心市街地にある商店街の空き店舗を使って結婚式の

披露宴を行うことになり、会場の内装飾り付けをお手伝いした。自然豊かなイメージを求められ、商店街に多く見られる奥に細長い平面の会場であったので、エントランスに大きなシンボルツリーを置きつつ、草花と懐中電灯を投げ込んだ900個もの半透明なワインバックを壁に留めつけることで、トンネル状の植物の陰と煌きに包まれたデザインにした。

その披露宴をプロデュースした会社のご厚意で、中心市街地の中央通り商店街に事務所を借りられることになり、一緒にデザインをした造園家さんと大学時代の先輩との3人でシェアすることになった。富山の賃貸の相場は、おおよそ東京の半額程度と格安な条件で、しかも中心市街地という立地なので、いつも誰かがふらりと遊びに来てくれる。近隣での打ち合わせついでに立ち寄ってくれた友人とコーヒーを飲みつつ雑談したり、富山へのUターンを考えている人がようすを聞きに来たりする。事務所の入口には、いまだに「食堂」と書かれた昔のビルのプレートが残っていて、近隣の知人は「今、食堂いる?」などと尋ねて来てくれたりもする。東京で独立していたら、こんな状況は考えられない。

結婚式会場の演出

新しい富山、新しい東京（本瀬）

2拠点生活の良さとしては、まず物理的に離れていることがある。離れることで、以前よりもお互いのプロジェクトをより冷静に見たり、違ったアイディアを出すことができるようになった。たとえば私の担当していた〈鎌倉の賃貸集合住宅〉では、予算オーバーで計画の大幅な見直しが必要になった。今までやっていた作業を捨てがたかったのだが、齋田のアドバイスで、当初は街区周辺の特徴を取り込んだ複雑な空間構成だったものを、周囲からの目隠しとなるバルコニーに変更して、スタディを再開することができた。また、私が他のプロジェクトのためにつくっていた模型を齋田が見て、スケールも用途も違う他のプロジェクトで展開することもあった。一緒にいて経緯をすべて知っていたら、こういった発想は起こりにくい。

もうひとつは、二つの都市の違いに常に刺激を受けられることである。いつも新しい富山、新しい東京を感じることができる。齋田は東京に10年以上住んでいたが、富山に住むようになってから東京に来る度に新しい発見があるようで、丸の内の新築ビル群や目黒区総合庁舎などの近代建築など、以前は興味を示さなかったような場所に行ったりしている。また、もし地元で進学・就職し、学生時代から車を持つような生活をしていたら、富山市の進めるコンパクトシティ構想について感覚的に許容できなかったと思う。

大都市と地方都市では同じビルディングタイプであっても、あり方が違ってくると思う。たとえば住宅だと、何でもアウトソーシングできる都市部の住宅とは異なり、地方の住宅にはカフェやホテルなど複合的な機能が求められることが多い。また、気候や環境に対する資料など

〈鎌倉の賃貸集合住宅〉(© 鈴木研一)

も首都圏を想定して構成されているように感じることが多い。

三つめは、東京と富山で異なる人脈をつくっていけることである。東京には建築学科や協力会社が多く、イベントなども多く催されていることから、建築関係者の人脈を幅広くつくることができる。この面においては東京に集中しており、他には代えがたい。富山では地域や通りなど、場所を中心として、世代や職種を問わず多くの人と知り合うことができる。東京と富山の二ヶ所に拠点を置き、両方で仕事と生活をすることで、さまざまな方向に人脈を広げていくことができる。

(上)大手モールの祭、おおてよるあそびの全体構成を手がけた(鳥瞰)／(下)富山グランドプラザ内の〈サンカクジム〉

富山国際会議場内の喫茶店を改修した〈コンパクトデリトヤマ〉(©Kai Nakamura)

建築をつくることは、街との関係を考えること（本瀬＋齋田）

独立時に、新聞記者の知人が齋田の紹介を記事にしてくれた。それを見た北陸博報堂にお声掛けを頂き、〈コンパクトデリトヤマ（以下デリ）〉というカフェの設計に携わった。

デリは、巨匠・槇文彦さん設計の富山国際会議場にある喫茶店を改修するプロジェクトだった。世界に誇る富山の財産なので、建築本体への着手は最低限にとどめ、什器や家具の集積によってカフェ空間をつくりだすことを考えた。

デリのセールスポイントは、デリの前面道路である大手モールの景観を眺めつつ、朝から市内の地酒や料理を堪能できることにある。大手モールは、富山城址

グランドパーキング

公園から連続した閑静な雰囲気の通りに現代的なデザインのトラムが走る特徴的な街並みであり、トランジットモール化を理想に掲げ、景観に高い意識を持つ住民が多い場所でもある。デリのプロジェクト以前から、照明に主体をおいた景観ワークショップに参加していた縁もあり、景観アドバイザーに照明デザインの監修を仰ぎ、温かく通りにこぼれ出る光が通りをつないでいく、大手モール全体が目指す景観の一部として寄与できる店舗照明計画に配慮した。

また、毎年行っている大手モールのお祭り「おおてよるあそび」では会場の全体構成を担当した。「広場のような道」をコンセプトに、道の内外にちりばめた四角形（スクエア）によって、歩道と車道を視覚的につなげ、トランジットモールの理想を可視化してみた。このように、1本の通りに対して、通りに建つ公共建物関係者による依頼と、通りに住む住民による依頼など、さまざまな角度からアプローチで

東京事務所近く、御茶ノ水・聖橋からの風景

きる体験は都心では得にくいと思う。その後も、この通りに隣接した施設内に、車止めのデザインを検討中である。

最も近所に住む知人であり、母のように（まだ若い方だけれど）面倒を見ていただいている「まちづくりとやま」スタッフからのお声掛けで、商店街でのプロジェクトも手掛けている。雪雨の多い北陸において、街のアーケードは非常に重要なインフラである。事務所のある中心市街地の商店街は、最盛期に比べてずいぶんと落ち着いた通りになってしまっているようだが、早朝や晩には地域の公園のように利用され、ジョギングやダンスの練習をする人々を多く見かけるし、自転車で動き回る私自身の生活にも欠かせない。毎日の生活の景色を「とやまらしい」景色で溢れさせたい想いから、アーケードの一部にある屋根付屋外広場グランドプラザに〈サンカクジム〉をデザインさせて頂くことになった。雪国特有

の街の景色である「雪吊り」をモチーフにした、大小さまざまな三角形の櫓を並べたジャングルジムだ。

生活と仕事、雑談と打ち合わせがつながっていること（本瀬＋齋田）

これらのプロジェクトには、近所に住む間柄でお付き合いしていた人々、顔見知りだった人々と一緒に取り組んできた。生活と仕事、雑談と打ち合わせが連続的で、設計者でありながら日常的な利用者でもある。こんな体験が我々の設計の範囲や深度を広げているように感じる。

建築の仕事は、必ず敷地のある場所が大きな前提になる。もちろん地元ではない見知らぬ場所のプロジェクトもやってみたいし、だからこそ生まれるアイディアもあると思う。しかし、今はここに住んでこそ肌身で感じられる、より細やかなスケールの魅力を大切にしたい。調査などではフォローできない新しい発見が確実にあるはずだ。齋田が富山に、本瀬が東京に住み続けているのも、その視点を重視しているからである。

離島から世界を広げていく

-福岡県 能古島

水谷元

atelier HUGE

父・水谷顯介の設計による木造の自宅兼事務所の一室

島で過ごした独立後の時間

２０１１年に勢いで独立したものの、仕事の依頼は続かなかった。建築家の先輩たちから受けた「独立したら3年は仕事がないと思え」という忠告は当たり、4年間は元請けの仕事だけで生きていける状況ではなかった。そのあいだ、たくさんの本を読み、思考を巡らし、スケッチやメモを描き留めた。設計事務所に所属していたころに培った経験もあいまって、自分がこれまで思いを巡らしてきた建築や都市への理想像に強度を与え、思想を深める時間になった。

そうした日々を過ごすのに、能古島は最適だった。

緑と海に囲まれた自然豊かな環境、ゆっくりと流れる時間。市街地から渡船で10分という、都市から適度に切り離された場所だからこそ客観的な思考ができる。

「atelier HUGE」という屋号で、博多湾の能古島にある実家を拠点に仕事を始めて6年が経つが、仕事の依頼がまとまってくるようになったのは、ここ2年程のことである。クライアントの多くは、小さな飲食店の内装の仕事などを通じて知りあった不動産屋さんや、ひとり呑みの席で出会った友人たちだ。小さくともひとつひとつの実績が次の仕事を呼び、徐々にその規模も大きくなってきている。仕事への信頼は、手がけた空間と施主による評価を通じてできあがっていく。どの地域に住んでいても、営業力の前にまずは人のネットワークと関係性が大切だと痛感している。

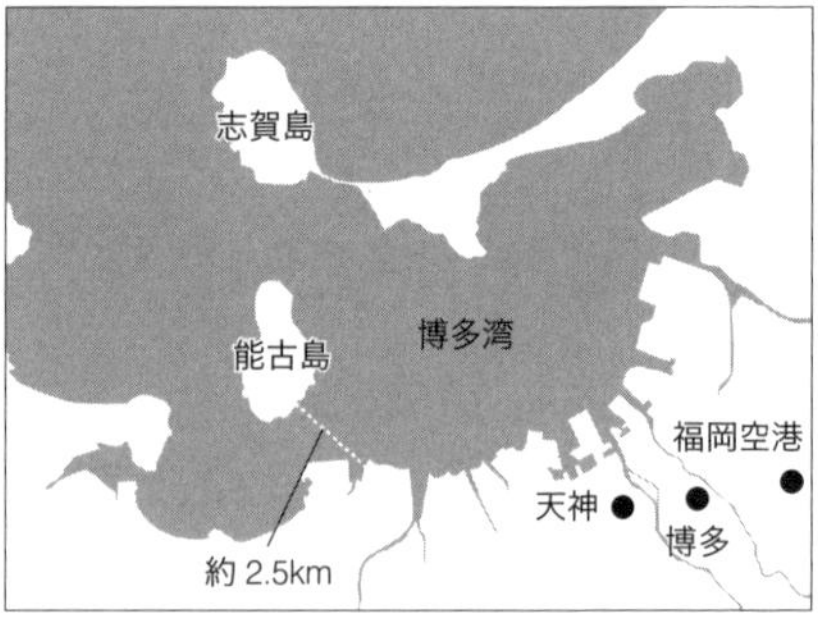

能古島は福岡市街から船で 10 分のところにある

父の書棚に導かれた建築の世界

家族で能古島に移り住んだのは、私が4歳のときだった。建築家・都市計画家だった父、水谷頴介が、福岡のシーサイド百道《ももち》のマスタープランを手がけることになったのを機に島の存在を知り、自宅を構えた。事務所は神戸にあったので、1年の約半分ずつを能古島と神戸で過ごすような生活を送っていた。

自宅ではときに自分勝手に振る舞い、畳間でゴロゴロする父が、職場では本が積まれた部屋でクラシックを聞きながら仕事に集中する姿に魅力的なギャップを感じるうちに、建築家を志すようになった。父は事務所の所員に「(息子が)建築家になるって言うてるけど、無理やんなあ」とこぼしていたそうだが、仕事の現場に連れて行ってくれたことも度々あったので、少しは建築を志すことを私に望んでいたのかもしれない。

小学校卒業を目前にした1993年の冬に父は他界した。その後も片付けられることのなかった父の書棚には、建築や都市をはじめとした専門書が並んでいて、私はそれらを自然に手に取るようになっていた。父が生きていたころは「都市計画家」という生業があることなど知らなかったが、書棚に触れることで「建築を都市との関係のなかで考える」ことを当たり前のこととして意識できるようになっていった。そして、建築の勉強を早く始めたい一心で、福岡市内の工業高校の建築クラスを受験した。

父の水谷頴介と私

高校生活のジレンマと大学進学

希望通り入学できたものの、そのクラスは私のイメージしていたものとはまったく異なっていた。同級生たちは自己顕示欲が強く、共通の話題や趣味もないので輪に入る事は難しかった。そのせいか高校時代から続いている友人はひとりもいない。1クラス十数人程度だった能古島の中学校の環境とは真逆で生徒数は多く、生徒に対する先生の画一的な対応に、私の気分はあまりよくなかった。学校の授業が終わればすぐ自宅に戻り、父の遺した書籍を手に取る生活を送った。そのうちに少しずつ建築や都市についての知

識は増え、おかげで学校の成績も悪くなかった。

「建築を志すならば大学に進学しなければならない」という認識もようやく芽生え、先生に相談したが、「何を言っているのだ」と言わんばかりの対応をされた。そもそも工業高校のカリキュラムは大学受験に対応したものではないので、今思えば当然だが、それでも進学したい意思を先生たちに伝え続けた。

すると、九州産業大学の主催する工業高校の建築学生を対象とした住宅アイデアコンペに入賞すれば、無条件で同大学に進学できるという情報が飛び込んできた。応募要項は大学生が最初に取り組む住宅設計課題のような単純なもので、3年生の春から放課後をコンペの作品準備に費やし、無事入選。東京にもどこかほかの地方に出ることもなく、能古島の自宅から大学に通うことになった。

(前頁)能古島の既存集落。路地の町並み

島への意識と就職

大学に進学すると、父の友人たちとの交流が増えた。大学に進学した2000年ごろは都市計画から「まちづくり」の時代への転換期で、神戸の父の事務所で働いていた人たちから話を伺ううちに、それを実感することとなった。70年代から都市計画の専門家として新市街地開発に携わっていた人たちは、その時代を経て既存集落やかつて新市街地だった既成市街地のメンテナンス業務に移行しはじめていた。神戸市は74年に住民参加型のまちづくりを推進する協定を全国に先駆けて板宿で結び、さらに95年の阪神・淡路大震災の復興をきっかけとして、住民主体ボトムアップ型のまちづくりを積極的に進めていた。

そんなまちづくりの時代を感じながら、課題よりもむしろ前向きな可能性が能古島にはあるように思えてきた。かつて同じ時間と空間を共有していた幼なじみたちは、それぞれ別々の世界に触れ、別々の友人と付き合い、別々の時間を過ごしていた。彼らのなかには、故郷は脱出すべき対象としての「田舎」だった人もきっといただろうが、私はいつしか「能古島に残る」と決意していた。正直、少し意地になっていたところもあるが。

一方、都市との関わりのなかで建築を考えるのではなく、単体としての建築にばかり重きが置かれる大学の教育には疑問を抱き、今思えば早計だったが、卒業設計の提出を済ませて大学を中退し、1年という期限で水谷門下のひとりである後藤祐介氏が主宰する神戸の都市計画事務所「GU計画研究所」に2004年からお世話になることになった。

西宮市目神山地区のルールづくりに関わる

GU計画研究所は震災復興関係の事業をいくつか続けていたが、私は主にまちづくりのコンサルタント業務に携わった。入所してすぐ兵庫県西宮市の目神山地区を担当することが決まる。

目神山は、建築家の石井修氏が居を構えた地として、当時関西で知名度を上げていた住宅地だ。目神山の自然に惚れ込んだ石井氏が環境に最大限配慮して設計した自邸と、そのライフスタイルが評判となり、移り住む人も徐々に増えていった。移住者のなかには石井氏のクライアントが多かったが、やがて表面的な情報と憧れだけで転居してくる人も増えた。私が関わったのは、デベロッパーによる宅地造成や建て売り住宅の開発も進み、目神山の地域性にふさわしくない画一的な住宅や造園、そしてボリュームの大きな富裕層の住宅が目立つようになったころだ。

そうしたむやみな開発に対し、地域住民によって組織されたのが目神山地区まちづくり協議会（以下、協議会）で、私が携わった主なコンサルタント業務は、自然環境や景観に配慮した街並の形成保全に関わる建築や外構のつくりについてのルールづくりとその運用である。ルールの内容には当時まだお元気だった石井氏の思想や具体的な手法が反映されている。地域のなかで主体的に活動する建築家の姿勢をそばで学ばせていただいた。

独立――能古島と市街地を往復する日々

神戸でまちづくりの現場を経験したあと、2005年の春に能古島へ戻り、それからの5年程は独立を目指していくつかの設計事務所に勤務した。手掛ける建築の規模は小さいが意匠に特徴がある事務所や、建物の規模が大きく技術力のある事務所など、その時々で意識が向くほうへ軸足を移した。

あるとき、友人から受けた依頼が独立の足がかりになった。学生時代から通っていた飲食店の雇われ店長だった彼が、福岡市の中心部に敷地3坪の小さなスタンディングバーを開くという。その内装デザインを担当させてもらったのだ。勤務先の所長に頼

個人で受けたはじめての仕事であるスタンディングバー〈ECRU〉。お客の振る舞いがそのままサインの役割を担う

み込んで、なんとか個人の仕事として取り組ませてもらった。工事後、仮囲いが外れたとき、初めて自分で手がけた案件の出来に満足するとともに、友人に喜んでもらえたことで自分の腕に自信を抱いた。

　そして２０１１年、それを機に独立。とはいえ、人口８００人を切った能古島ではなかなかプロジェクトには恵まれない。現在は福岡の中心市街地周辺からの依頼が多く、打ち合わせや現場監理などで能古島と市街地を往復する日々だ。

中心市街地のリノベーションプロジェクト

　2年ほど前からリノベーションの依頼が続いているが、そのひとつのきっかけが、福岡市の白金にある物件を対象としたコンペだった。木造の民家、鉄骨ビル、木造アパートという三つの隣接する2階建ての建物を、地域の拠点となるような施設に改修するアイデアを競うものだった。紹介してくれた不動産屋さんは、自身が白金育ちということもあり、思い入れのある地元を活性化させようと積極的で、この物件についても、駆け出しの個人事業主が経営する飲食店などに活用しようと期待を寄せていた。

　白金は、中心市街地の天神に近く利便性の高い地域で30代を中心に人気があるが、街を歩いてみると、戦前からの古い木造家屋も目立っていた。いまだに住居や店舗として利用されているものもあるが、デベロッパーが開発した単身世帯向けの高層マンションに挟まれて申し訳なさそうに建っているようすが目につき、空き家も多い。街を見渡し、建物がこの地域で担うべき役割について検討した結果、私の構想はソフトの部分に集中することになった。入居するカフェやギャラリーが協力してイベントなどを企画し、施設を運営する街の文化発信拠点と成り得る複合施設を目ざしている。

　〈白金町１０２３〉と名づけたプロジェクトの最

終提案には、基本設計から着工までのあいだに、オーナー、設計者、照明デザイナー、担当工務店など関係者に加え、まちづくりの専門家や大学の研究者、そして地域住民やテナントの入居候補者らに参加を呼びかけて、段階的にワークショップを開催するアイデアを盛り込んだ。オーナーに施設運営のイメージを掴んでもらうとともに、地域住民や利用者の期待と要望を知ってもらう狙いがあった。うまくいけば、住民やテナントの入居候補者と良好な関係を築くきっかけにもなる。この構想が評価され、3者と競ったコンペを無事勝ち取ることができた。

施設計画のスタートから着工までの約1年間に計4回開催し延べ60名程度が参加したワークショップでは、ポジティブな意見に限らず、入居候補者の不安を聞き出した。予算のほとんどが施設の修繕に掛かってしまい、意匠的な工夫は諦めざるを得なかったが、「路地裏の親密さ」のように白金の特徴を改めて確認しながら、「入りにくさ」「夜道の暗さに」対する不安にも応えようと、入居してもらうテナントの選定や配置、企画するイベントの内容など運営面でバランスを取りながら多数の意見を反映したつもりだ。

このプロジェクトの施主は遺産相続でお母様から物件を受け継いだご姉弟だったが、ワークショップでのにぎやかな雰囲気に感化された弟さんは、なんと施設の開業を機に福岡への帰郷を決意するに至った。現在は、施設のなかにあるイベントスペースの運営に携わっておられる。

(上)〈白金町1023〉完成後の写真。一番右側の日本家屋がオーナーの実家であり、イベントスペースとして活用されている。(下)〈白金町1023〉のコンペで提出した案。運営時のイメージを掴みやすいものとし、ハードの提案は最小限にしている

〈白金町1023〉。この地域には、ほかにも古い日本家屋や商店が点在する

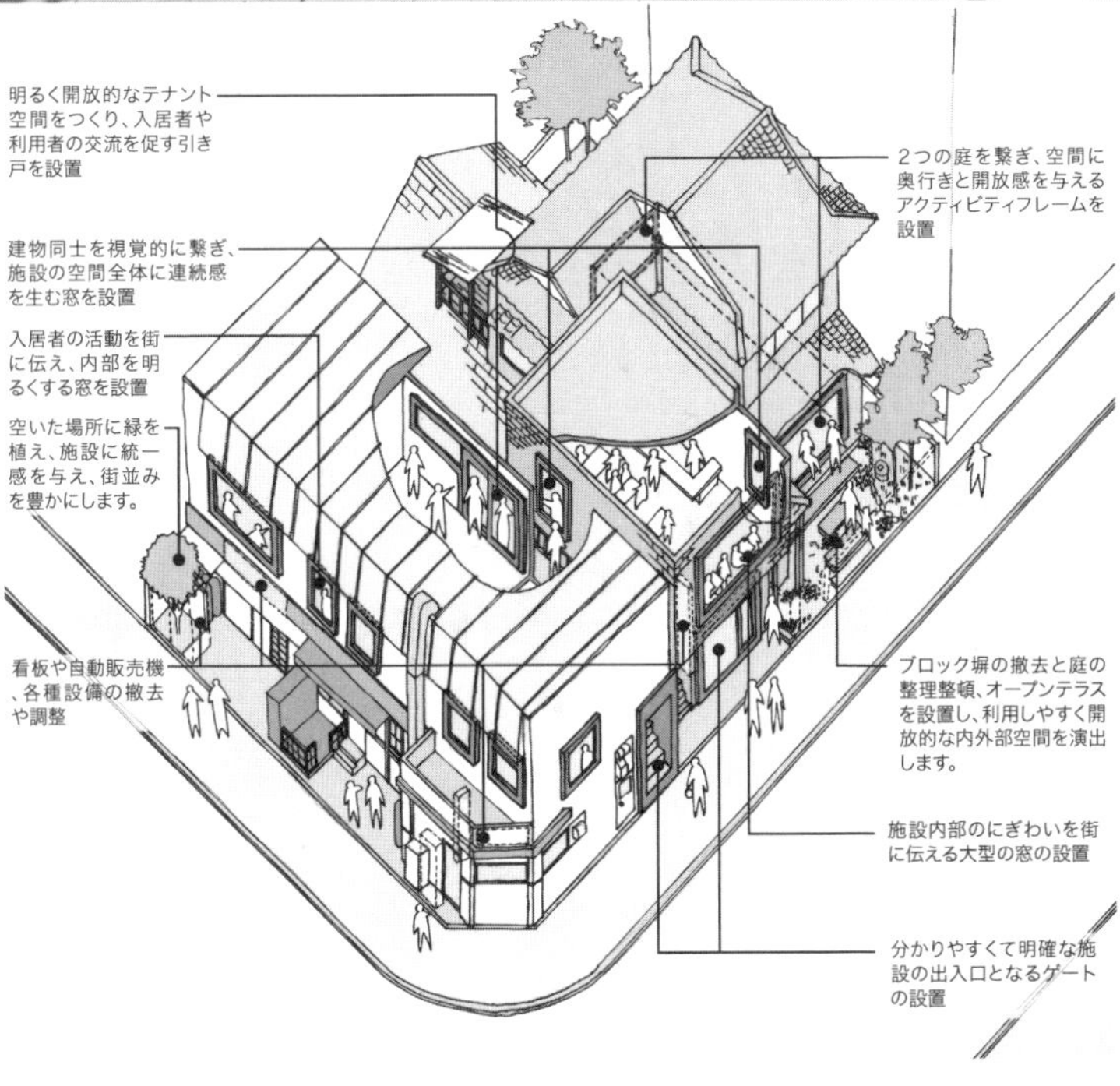

明るく開放的なテナント空間をつくり、入居者や利用者の交流を促す引き戸を設置
建物同士を視覚的に繋ぎ、施設の空間全体に連続感を生む窓を設置
入居者の活動を街に伝え、内部を明るくする窓を設置
空いた場所に緑を植え、施設に統一感を与え、街並みを豊かにします。
看板や自動販売機、各種設備の撤去や調整
2つの庭を繋ぎ、空間に奥行きと開放感を与えるアクティビティフレームを設置
ブロック塀の撤去と庭の整理整頓、オープンテラスを設置し、利用しやすく開放的な内外部空間を演出します。
施設内部のにぎわいを街に伝える大型の窓の設置
分かりやすくて明確な施設の出入口となるゲートの設置

2016年4月に竣工した〈行ノ町テラス・リノベーション〉2期。〈白金町1023〉でのワークショップを通して知り合ったクライアントからの依頼で実現した。半透明のスクリーンが連続する4室の賃貸オフィス

島の将来像を描く

独立してしばらく経ったころ、島の友人のひとりから「有志を募って能古島の将来について議論している」という話を聞いた。音頭を取っていた島の郵便局長に連絡を取り、仲間に入れてもらった。

私が中学校の卒業を機に島を出てから、島の事情は大きく変化していた。たとえば小中学校について言えば、全校児童・生徒数は120人程度と私の時代と変わらないが、その約8割が島の外から通う子供たちになっている。これは小中学校存続のために福岡市の小規模校特別転入学制度が取り入れられ、希望すれば島（校区）外から通学できるという仕組みになっているためだ。

こうした島の人口問題について議論を進めていくうちに、自治会も会議に参加するようになり、空き家の調査や地権者との交渉などの協力も得られるようになった。2013年からは福岡市役所の支援を

得て能古島みらいづくり協議会として新たな体制が整い、私も副会長として空き家を活用した移住促進に取り組んでいる。そもそも移住を希望する家族がいない、空き家の地権者を説得できないという二重苦に陥っている農山漁村に比べれば、能古島はまだ恵まれているかもしれない。市街地から渡船に揺られて10分という距離は子育て世代にとても好評で、空き家への入居は順番待ち状態だ。市街化調整区域に指定されているためむやみな開発ができない。住宅も店舗も事務所も賃貸は不可とされているし、店舗については日常生活に必要な用途に厳しく制限されている。少しずつ緩和制度が導入されてはいるが、時代に合わせた経済活動が行いづらいことで地域経済の衰退を招いている。今後は既存集落（50戸以上の建築物で構成されている集落）内に限り、一定のルールを守れば宅地造成や用途の制限を緩和することも検討される予定だ。

能古島への移住希望者を対象にした「のこのもんステップアップツアー」のようす。まち歩きとワークショップを通して島での暮らしをイメージしてもらう。事実上、島民からの面接を受けるようなもの

まちづくりではどうしても課題解決型の議論に集中しがちだが、30年後の未来に向けて地域の姿を前向きに思い、描くことも大切だ。そのためには地域住民一人一人がやりたいこと・やれることを主体的に試みていく必要がある。

私自身は、住民の一人としてまちづくりに参加するだけでなく、建築家という立場から提案することにも挑戦したい。能古島の環境を活かし、文化を育み支え、未来へと繋ぐ基盤となるような建築的提案を検討し、ひとつのモデルとして博多湾に浮かぶ小さな島から世界に発信して

いきたい。

離島から外の世界へ

父の好きだった村野藤吾の言葉で、私もかねてから戒めにしているものがある。

「時流に乗るな、多数派になるな、多数派に巻き込まれたら脱皮して必ず少数派になれ、少数派とは孤独に耐えて自分をまもる努力がなければ純潔は保てぬだろうし、そのようにしなければ芸と名のつく仕事はできないのではないか。[*1]」

同業者から距離を置くには、市街から物理的に切り離された能古島での暮らしは快適だ。しかし一方で、自意識ばかりが高くなる危険性もはらんでいる。そもそも「atelier HUGE」という屋号には、「多様性の時代に求められる寛容性」という意味を込め、都市に思いを馳せたつもりだ。それは、島で育ったものの、その独特の排他的な雰囲気は苦手な私が、あえて島を拠点に活動していく上で掲げるメッセージでもある。設計や講演、あるいは執筆といった仕事の機会のなかで、自分に足りないものや自分の特異点を見つけていきたい。そして都会と島を行き来しながら、日々感じる自分なりの人間的な心地良さを、ひとつひとつのプロジェクトのなかで実現していきたい。

(左)自宅兼事務所のバルコニーから対岸の福岡市街地を見る。水谷頴介の手掛けたシーサイドももちが博多湾を挟んで対岸に見える

阪神淡路大震災発生後20年に神戸で開催した港島建築ミーティング。水谷頴介の門下生及びRFAの藤村龍至氏、ドットアーキテクツの家成俊勝氏と共に神戸の都市計画とまちづくりを振り返った

〈注〉

*1 「受賞有感」『建築雑誌』1972年8月号。日本建築学会大賞を受けてのコメント文より。

気候のなかに答えがある

–秋田県 大仙市

佐藤欣裕

もるくす建築社

大仙市内の事務所

秋田にオフグリッド住宅をつくる

3年越しのプロジェクトがようやく終わり、現在そのできたばかりの住宅で暮らし始めている。僕の住む地域は秋田県南部で県庁所在地の秋田市からは50㎞ほど離れた大仙市（旧大曲市）というところである。寒冷地ながら大きく外へ開放した建築は曇天の日でも明るい。季節を問わずゆるやかな室内気候は、ストレスのない温度均衡のとれた空間で快適である。この住宅はいわゆる「オフグリッド住宅」で、電力会社の電気を引かず、化石燃料を一切使わない。また厳しいことで知られるドイツのパッシブハウス基準も認定取得予定だ。この二つの課題に応える世界水準の環境住宅をつくることが今回の目的だった。

環境配慮が求められる建築業界であっても、既存のインフラに頼らずエネルギーをゼロ化している建物は日本にそう多くない。気候の厳しい寒冷積雪地であるここ秋田でそれをクリアするのは、相当ハードルが高かった。

東北の日本海側は冬の寒さと日射の少なさ、盆地特有のうだるような暑さのため、快適に過ごすには大いに工夫が必要な土地で、この厳しい気候に適した建築を僕はずっと模索してきた。日本の環境建築と言えば夏配慮型の技術が多く、寒冷地に適しているとは言い難い。かつ省エネ技術は箱型で小さな開口部は閉鎖的な印象が強く、魅力ある全体計画がなされている建築が少ない。

そんな暗中模索のなかで見つけた手本が、徹底した省エネルギーに配慮したドイツ、スイス、オーストリアの環境建築だった。それから北海道の旧荒谷邸。40年も前に断熱や蓄熱技術を駆使して冬の快適を超えて夏対応の住まいを完成させている。

単なるスペックを超えた気候への概念が、この地で建築をするという答えを僕にくれたように思う。

(次頁)大仙市の風景

工務店の後継ぎとして

僕は今までまとまった建築の勉強をしていない。大学や専門学校には行っていないし、高校は建築科だが野球部だったので朝から晩まで練習に明け暮れ、もはや勉強どころではなかった。ただ、祖父が大工で父は設計士、つまり家業が工務店だったため建築は身近な存在だった。末っ子長男の僕に皆は工務店の後継ぎとして期待してくれていたことだろう。職人も含め周りには大人がたくさんいて、直会などの酒席につれて行かれると、酔っ払いと化した楽しそうなオジサンたちを勇ましく思い、早く自分も大人になりたいと常々思っていた。だから早く働きたか

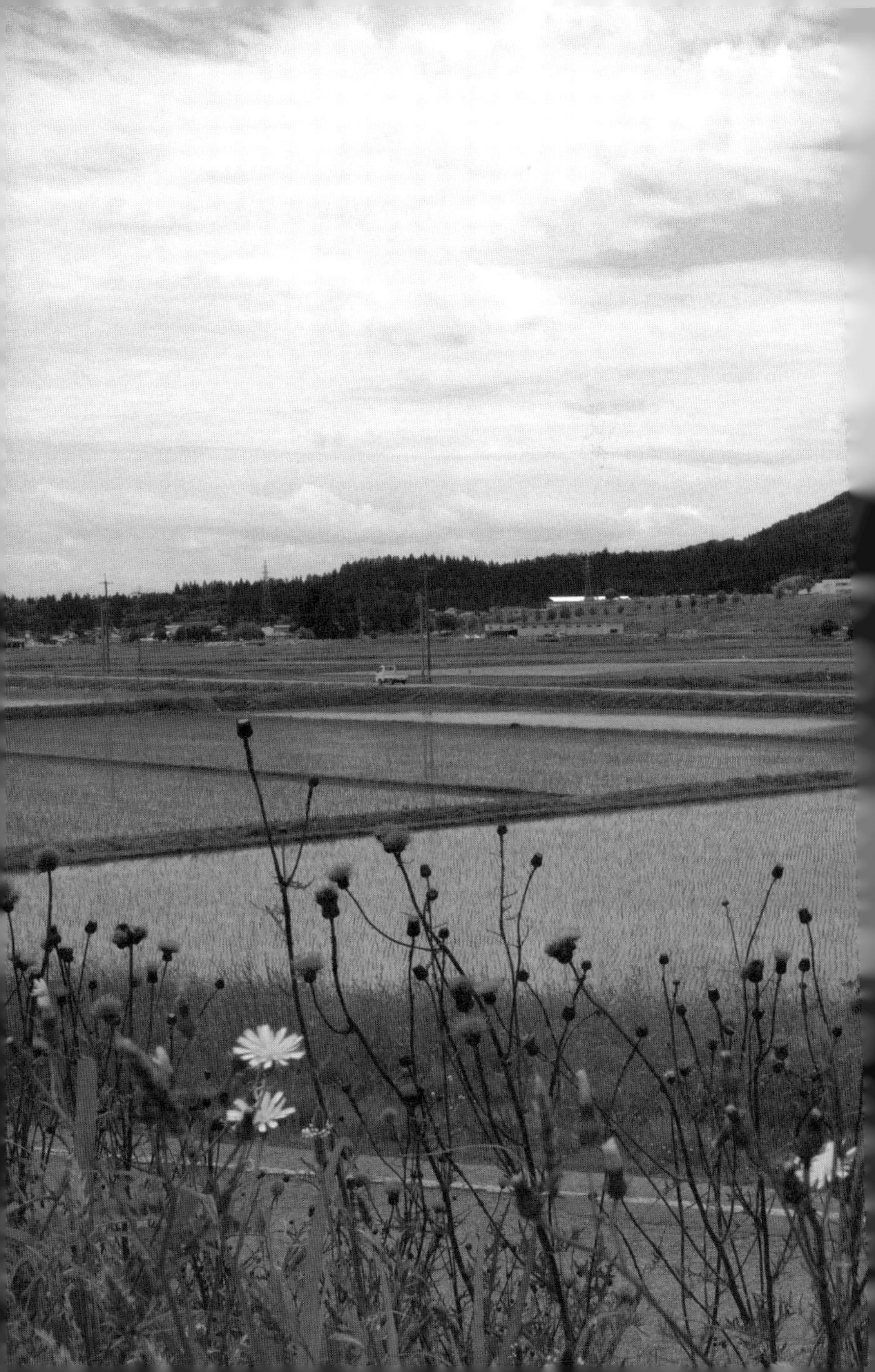

った。とにかく働いて早く金を稼ぎ、大人の仲間入りをしたかった。そんな漠然とした考えで、しかも卒業後も野球をやろうなどと思いながら就職を希望したが、そんなにうまくいくはずがない。とりあえず父の知り合いの紹介で、秋田にあるビルダーにお世話になることになった。こうして、単に父が建築の仕事をしていた縁でこの業界に入っただけで、「職人さんの仕事に魅了されて」とか「幼少に家の建て替えを経験して」などの美談は皆無である。僕は建築を志してはいなかった。

とにかく働き始めた。新卒で就職したビルダーは勢いのある中堅会社で親切な人が多かった。大工の親方は人情が厚く、人として色々と教わっていた。しかし高卒の坊主に何ができるわけではなく、ひたすら御用聞きをして回って現場というものを知るという、仕事というよりは作業を繰り返す毎日。楽しい日々ではあったが、1年も経たないうちに現場会

議で大きなミスが発覚し、工程管理に問題が生じた。わずかな仕事を託されていた僕にもミスがあり、そのことが原因で喧嘩して、あっさり辞めることになってしまった。今どきの若者である。納得のいく辞め方ではなかったが、このとき初めて能動的に建築を仕事にすると決めた。すぐに父へ電話をして実家の仕事を手伝わせてほしいと告げた。こうして僕の本当の仕事がスタートしたのである。

大仙市は人口が約10万人、1時間商圏は50万人と決して大きいとは言えない。この小さい規模のなかで仕事を切らさずどう生き残るかは、すべての工務店の永遠の課題だ。とりあえず実家の工務店に務めさせてもらい、積算や現場管理、設計などをやりながらコツコツと勉強した。ハウスメーカーやパワービルダーが秋田にも進出してきて徐々に競争が激化するなかで「工務店はどうあるべきか」を自問した。ないものを嘆いても仕方ない。今自分が置かれてい

人口約 10 万人、大仙市の駅前

る立場で一番有利に仕事ができる方法を考えた。幸いにも会社には、社員の大工さんと長年お付き合いしている職人さんがいた。工務店の良さはレスポンスが早いこと。ディテールであれ新技術であれ、新しい試みはすぐに職人さんの意見を聞いて現場に反映していく、というルーティンが徐々に効果を発揮していく。このころから現場とのコミュニケーションも良くなり、設計・施工という体制の意義を見出していった。

1冊の本と師の存在

そんななか、1冊の本に出会った。『バウビオロギー　新しいエコロジー建築の流れ』（学芸出版社）だ。この本はスイス在住の日本人建築家である佐々木徳貢氏の著書で、当時から先進的だったスイス建築の動向が詳しく載っていた。

自然のなかで育った僕は地球環境に関心があり、

省エネルギーが温暖化防止と居住環境の改善に繋がると信じていたから、この本で見るスイスの取り組みは衝撃的だった。

　1次エネルギーを減らすにとどまらず、建築生産に関わるCO_2の考え方や素材のエコロジー度合いなど、概念はあってもここまで進んだ実践的な取組みは日本で見たことがなかった。人と地球に極力負担を少なくするという思想に感銘を受けた。スイスのエコロジー建築をインターネットで調べ、関連書物を片っ端から読んで、次に何をするかを考えた。調べを進めると1人の人物がヒットした。岩手県在住で環境建築の普及活動に取り組んでいる長土居正弘さんだ。長土居さんはスイスを中心に15回以上の渡欧経験があり、環境分野での建築・設備に精通していた。初めてお会いできた講演で、長土居さんが事務局長を務める「Ｄｏｔプロジェクト」という団体があることを知った。「住宅の消費エネルギーを

ヨーロッパ並みに減らす建築技術の研究と普及活動を行っている住宅の専門家集団」とのこと。すぐにコンタクトをとった。任意団体ではあったが第三者機関として建物性能を評価する役割を担い、熱損失係数（Q値）を1・0W／㎡・K以下にしたものを認証していた。研究者との繋がりもありがたかった。疑問に思った分野をすぐに聞いて悩みを潰していく。具体的には、断熱・防湿構造や換気のことなど視覚ではわかりにくい部分は理論的な裏付けになったし、先輩方の成功例はすぐに取り入れて自社で試してみた。脇目も振らず没頭し、ひたすら実践した。

　新しい取り組みはリスクも伴う。たとえば高断熱化による日射遮蔽の徹底、床下換気の処理など。先進事例からは技術的な回答が得られ、また問題点も知ることができる。長土居さんからは「なぜ快適性が必要で、どんなふうに生活が変わるか」という精神的な教えが多かったと思う。成功例と普遍の概念

を学んだからこそ、躊躇なく進むことができている。壁厚が300㎜になっても400㎜になっても多いとは思わないのは、市場や業界の社会通念とは別に自分の考えを貫ける基礎ができたからだと思う。

とにかく伝えること

方々に出かけ、勉強を重ねては実践を繰り返した。省エネルギー技術は確実に居住空間の改善になり、クライアントからも喜ばれる。しかし環境技術は地味な技術であり、その良さを伝えるのは難しい。この良さをどう表現するかが今後の鍵となると予想していた。

実家に戻って7年目。父から工務店を継ぎ、社名を変えて会社イメージを刷新した。会社名まで変える必要はなかったかもしれないが、とにかくウェブサイトから封筒まで統一して、スタッフからクライアントまで一貫したポリシーを伝えることに尽力した。人も含めた環境負荷の小さい建築を提供すること。それはもちろん温熱分野しかり、自然材料の活用や産業廃棄物のリサイクルなどを通して長く使える建築をつくりたいと考えている。

そんな思いを理解してもらうための資料を毎日ちょっとずつ作成した。意図したわけではないが、こうして改良を加えているうちに1時間程度のプレゼンが完成した。クライアントとのファーストコンタクトでは必ず事務所にお越しいただき、プレゼンを聞いてもらう。「クライアントの想いを引き出す」のが良い営業だと言われているが、それは仲良くなってからで十分で、この人は、この会社は一体何者なのかをプレゼンする。自分たちが任せて良いのかを判断してもらう1時間だと思っている。住宅営業のマーケティングのような話になってしまったが、これは住宅に限らず、常日ごろから、自分はどんな建築をつくりたいかを、何らかの形で表現しておく必要があると思う。ブログなら、毎日どんな昼ご飯を食べたかなんて誰も見ちゃいない。ブログを通してどんな考え方をしているかを人は見ているのだと思う。常に自分の考えをアウトプットで見せなければ説得力がない。そうしているうちに仕事が来るようになり、できるだけポリシーを崩さず提案を続けることで、理解してくれるクライアントも徐々に増えていった。

熱意を持って説明すれば必ず興味を持ってくれる。デザインを気に入っていただいて訪問してくれた方でも、建築が終わるころには環境性能を自慢してくれる。またその逆もある。最初に時間をかけて説明することは相互の理解につながり、デメリットはないと思う。大切なのは必ず理由をつけること。なぜここに柱があるのか、なぜ窓の位置はここなのか、なぜ外壁はこれなのか。クライアントの思っている「なぜ?」を明確にできれば、1本1本の線に理由

が生まれる。理論的というよりは理屈っぽく建築をつくっていく感覚だ。ただしお金を払うのはクライアント。要望に真摯に向き合いながら理屈を成立させる作業は、いつも難しい。

サステイナブルな建築

今までアメリカ、ドイツ、スイス、オーストリアと視察に出かけてきたが、特にスイスやオーストリアの建築家との交流はいい経験になっている。僕らはいつも東スイスとそのお隣の西オーストリアにある山間の農村部に出かけ、現地の建築家たちと実際に図面を広げてディスカッションし、現場を見て、食事をする。ドイツ、スイス、オーストリアにまたがるボーデン湖周辺は、昔からサステイナブル建築が進んだ土地であり、住民の意識も高い。たとえばオーストリアのランゲンエッグ村は人口が1000人程度の山間の村だが、素晴らしい建築がそこら中

に建っている。現代木造と表現していたが、使用されている木材や断熱材・仕上げ材など高いレベルで地域内生産が普通に行われ、もちろんエネルギーの効率化には徹底した配慮がなされている。地元の中小企業は大企業に負けない良質な製品を生産しているし、やはり高性能ガラスのバリエーションが多い。自然系材料（特にヘンプやウッドファイバーなどの植物系）や無機系の塗料など、健康性を重視した材料が目立つ。田舎に行くとケミカルな材料は少なく、木材や漆喰など基本的な材で構成しているので、形状は近代的であるが古い建物との調和は完璧だ。素朴で伸びやかで開放的な建築群はむしろ田舎だからこそ成立している。

どの地域であっても、土地に根差した

スイスでの建築家・エンジニアとの交流

建築を求める人は多いのではないだろうか。設計者本位でも、クライアントのエゴでもなく、「地域の建築とはなんだろう」という素朴な疑問を形にしたい。

全国的にそうかもしれないが、秋田でも地域特性が現れた住宅は少ないと感じている。無味無臭の画一的な建物は、大手メーカーによるものなのか地元企業によるものなのか区別がつかないことが多いが、最近は若手を中心にこだわりの住宅が増えてきたと思う。素材感や間取り、特有の気象条件のなかで快適な住まいにしたいという思いが建築に反映されてきた。忙しい日々のなかで少しでも豊かに暮らせるよう、クライアント自身が工夫して、思いを僕たちに伝えてくるのは良い傾向だと思っている。

古建築のリノベーションが中心のヨーロッパとは状況が違うかもしれないが、サステイナブル建築は日本でも十分に可能である。「持続可能」というテーマは、物理的な寿命よりも、生産する立場と使用する立場双方の気づかいによって成り立つ建築なのではなかろうか。普遍的な良さがある建築は、住まい手の管理が少なからず必要であり、いつまでも補修できるような材や工法であることが長く使われる建築の条件だと思う。木が反ったり、漆喰が割れたりなど、起こりうる事象を共有しながら建築を育てていく感覚が共有できなかったために、新建材に頼った住まいが跋扈してしまった。完全じゃなくても、時間と共に味わいの増す建築、そしてランニングコストも含めた居住性の良さを一番に求められていると思う。

オーストラリア・ランゲンエッグ村のサステイナブル建築。徹底的にエネルギーロスを減らしながら美しさを両立している

地域「解」のある環境建築

東北の省エネ建築は、地道な活動により市民権を得てきた。厳しい気候に対峙するべく、建物の断熱化を図り快適性を上げてきたが、この対応型の建築は必要に迫られて取り組んでいる部分も多いため、どうしてもネガティブな印象が付きまとう。そんなとき、北海道大学名誉教授の荒谷登先生が書いた冊子を目にした。それは「欠点対応型ではなく良さ発見型の断熱」という心構えを書いたものだ。欠点を補うために施すなら断熱はいつまでも支出であるが、断熱により得られるものを考えたら話はもっと壮大だと。日

射、光、熱、日変動、気圧、湿度、乾燥、内部発熱など、無償で得られる自然エネルギーを取り込むことにより、建築に地域性が出る。つまり断熱という技術を使えば、その地域独特の良さが発見できるかもしれない。それはどの地域でも最適解があり、もちろん都市部とは違った解があることを指している。40年も前に建てられた荒谷先生の自邸は、札幌の郊外に現存している。当時から断熱や蓄熱の重要性を認識した、まさに「良さ発見型住宅」であった。

断熱技術は非常にローテクである。そして特別なものではない。寒冷地は断熱材が必須だが、断熱材は夏の暑さにも非常に有効である。茅葺き屋根などが良い例だ。伝統的な建築には、断熱のみならず遮熱、蓄熱、排熱、調湿など、自然の原理を生かした工夫が各所になされている。快適性を提供するのは複雑ではない。今まで寒冷地のものだと思っていた技術も、古民家のような熱の原理と組み合わせれば

〈オフグリッドの自宅〉地元石材を使った蓄熱壁(© スタジオアクア)

太陽熱利用がポイントとなる〈オフグリッドの自宅〉(© スタジオアクア)

温暖地にも非常に有効なことがわかってきた。上方の排熱窓、土間や土壁の大きな蓄熱容量、台所など火事場や水場のゾーニング、茅葺の断熱性能など、現代の住まいにも取り入れられる部分は多い。

僕の願いは、この伝統的な熱手法を駆使して、快適な室内環境をできるだけ多くの人に提供することだ。当社の設計した住宅に1年住んだクライアントはこの成果を確実に実感している。環境性能が高い住まいで、静けさや暖かさ、涼しさなどの心地良さを体感し、喜びを伝えてくれる。最近は県外からのオファーも多くなり、寒冷地の技術が温暖地からも求められていると確信している。技術を習得し、実践を重ねながら理解も深まるにつれ、自然とオファーが来るエリアが広がってきたようだ。

他地域で仕事をするときに大事にしているのはネットワークである。メーカー、エンジニア、職人などから得られる情報は多い。建築はチーム戦だからどのメンバーと仕事をするかということは、仕上がりに大きく影響する。一緒に仕事をしたいと思う方には自分の情熱をぶつけていく。いい仕事をする条件は、同じベクトルの仲間がいること。自分のことしか考えていない人は必ず仕事に表れる。いかに他人事を自分事にするか。それは設計者、設備エンジニア、大工、左官職人、電気工事士など、携わるすべての人に言えることだ。お互いの配慮があれば「逃げ」が効く。クリアランスと言ってもいい。逃げがなければ後に歪みが来る。人間関係も同じで、許容することができなくなってしまったら一点に圧力がかかり亀裂を生じる。

秋田の暗く長い冬を苦手にしている人は多いだろう。降り積もる雪は足場を悪くし、かじかむ寒さは外へ出ることを躊躇させる。人間にとって雨風を凌ぐことは住まいの原点であり、改良を重ねてきた。僕は現在の技術が歴史的な転換点を迎えていると思っている。今まで嫌だった冬を楽しみに感じているクライアントが増えている。技術が人の思考を変えるという最も嬉しい反応である。庭の木に降り積もった雪が美しく、ストーブに火を入れ、大きな窓からは曇天でも明るさを享受できる。厳しい気候だからこそ技術が発達し、人をアクティブに活動させる力が建築にはあるのだと実感している。自然は良いところばかりではない。環境共生と言えば聞こえは良いが、猛威のなかで快適さを勝ち取るには、いかに遮断し、かつ上手に開放し取り入れるかが課題となる。環境技術とは気候との距離を計る技術であると思う。ガラス性能が上がり、断熱工法は成熟し、寒冷地の建築は制限から開放に向かっている。その先にあるものは心の開放であることは間違いない。

このまちで、にやにやしながら暮らす

–香川県 仏生山町

岡昇平

設計事務所岡昇平

仏生山温泉の湯上がりどころでの打ち合わせ

仏生山というまち

朝、晴天。温泉の食堂にある大きな窓を開ける。気持ちのいい風が入り始める。食堂のテーブルで今日することを整える。11時になると温泉の営業が始まる。ほんの少しのあいだ、番台を務めた後、温泉のスタッフと交代する。つづいて温泉の湯上がりどころで設計事務所のメンバーと朝の定例打ち合わせをし、そのまま近くの現場に向かう。

ぼくは、仏生山温泉のなかに住んでいる。といっても小さな宿直室で寝泊まりしているというだけだ。開業して以来ずっとだからもう10年になる。昔のように、小さいお店の奥に店主が住んでいる、そういう感覚に近い。仕事と暮らしが一体化している。だから、ぼくの暮らしのリズムは温泉の営業時間に影響を受けている。自分で決めた営業時間だが、たまに窮屈に思うこともある。同時に、温泉らしい大らかな時間の流れからも影響を受けている。こちらの方は心地良い。自分も大らかな気持ちになれる。

仏生山町は高松市の中心市街地から南に8㎞ほど、車だと20分ぐらいのところにある。私鉄のことでんに乗ると高松駅から仏生山駅まで15分ぐらいだ。

江戸時代の初期に高松藩の菩提寺である法然寺とその門前町としてひらかれた。今でも当時の建物が少しだけ残り、その雰囲気を感じることができる。仏生山というめずらしい名称も法然寺の山号に由

高松藩の菩提寺だった仏生山来迎院法然寺と仏生山温泉の外観（© 藤村泰一）

来している。名称に山という字が入っているが平地で、家とたんぼが混ざりあう、のどかな郊外だ。１・５㎞四方に８０００人ぐらいが住んでいる。

ぼくはここで設計事務所と家業である仏生山温泉を運営しながら暮らしている。設計事務所も１００ｍほどしか離れていないから、どこかに出かけることがなければ生活圏は１００ｍぐらいの範囲におさまっている。

ものづくりを学ぶ

ぼくは仏生山で生まれ、育った。高校生まではずっとここですごした。徳島大学で土木を学んだ後、日本大学大学院芸術学研究科で建築を学んだ。

高校生のころ、寺田寅彦に憧れて物理

学に関係する仕事に就きたいと思っていた。希望していた大学へすぐに入学するのは難しそうだったから、まず浪人することを決めた。現役時代は仏生山から一番近い理系の大学だった徳島大学を練習だと思って受験してみた。合格はしたけれど入学しないつもりだった。土木の学科を受験したのも工学部のなかで並び順がいちばん最初にあったという理由だからいいかげんだった。そのころ、大学院から分野を変更することもできるということを知り、やっぱり入学することにした。学んでみると土木の分野はおもしろかった。当時は、物理のことはすっかり忘れ、楽しい学生生活を過ごした。そのうち土木に隣接する分野に建築というものがあることを知り、もっとおもしろそうだと感じた。そういう経緯でぼくは大学院から建築を学び始めるようになる。

修了してすぐ、横浜の設計事務所「みかんぐみ」に入社した。大学院は2年という短いあいだだったし、学んだ領域も広かったから、建築のことをちゃんと教わったのは、みかんぐみに入ってからである。3年間在籍して新築住宅を2件、オフィスのリノベーションを1件、新築の商業施設を1件、コンペをいくつか担当した。最も大きな影響を受けたのは、ものづくりに向き合う姿勢と、気持ちの持ち方である。それは本で得られるような知識ではなくて、身体感覚のようなものだ。そして俯瞰的な視野と、多様な視点のなかから、やさしさをもって組み立てられていくものづくりだ。今も活動の原点になっている。

(次頁)仏生山はのどかな郊外

帰ると決めた理由

みかんぐみで3年間務めた後、仏生山に戻った。一般的に設計事務所の勤務はだいたい3年がひとつめの区切りといわれている。ぼくもそのつもりで考えていたし、独立する場所は地元の仏生山でとはじ

郵便局

花
片山花店
SEIKO
神崎
TEL88-6183
SEIKO
電池交換

めから決めていた。大学で徳島に5年、大学院とみかんぐみで東京に5年住んだので、10年ぶりだ。

仏生山で暮らすことを決めた理由は、二つある。ひとつめは、東京のような人口密集地は苦手だったからだ。わかりやすいのは満員電車だ。まったく知らない人とすごく近い距離、というよりほぼ密着するから、とても緊張感の高い状態になる。そういう時は自分の感覚器官の一部を無意識に麻痺させていたりする。そんな自分はもう人間ではないなと思った。そのころは事務所の近くに引っ越して自転車で通勤していた。

満員電車はほんの一例で、東京は何かを優先することで、何かを犠牲にしている状態が極端だ。自然のバランスというかルールのようなものから逸脱している気がするのだ。だからほんとうの暮らしというものは都心にはもうないかもしれない。もちろんいいところもある。美術館などがたくさんあって、

文化的な体験を享受できたり、学びを得る場所という意味では最適である。仏生山に住んでいる今もたまに行くのはいいなと思っている。その際は、書店に行ったり、美術館に行ったり、友人に会ったり、まちをめぐったりして過ごす。そういうのは楽しい。

二つめの理由は、家業である。もともと実家が飲食店や宴会施設を営んでいて、ぼくで4代目になる。そこを引き継ぎながら設計事務所を並行して運営しようと思っていたのだ。

父が温泉を掘った

ただ、当初思っていた予定とちょっと違っていたのは、家族経営という小規模な母体のはずなのに、父が温泉を掘ったことだった。ぼくが東京から仏生山に戻ってきたら、ちょうど掘り終わって温泉が湧いていたというタイミングだった。

仏生山はもともと温泉街でも何でもなく、どこに

でもあるような普通の郊外である。父は以前から温泉を掘りたいと言っていたけれど、家族全員が冗談だと思っていた。しかし、仏生山の下に高松クレーターが発見されたのを機に、本当に温泉を掘削し始めたのである。高松クレーターは1990年代に発見され、その後調査により直径4㎞、深さ2㎞の大きさがあることがわかっていた。1000万年以上前にできたものだから、現在は砂や水が堆積していてかたちは見えない。温泉を掘ったのは、そこには帯水層が期待できるという有識者の見解があったからだ。温泉を掘ることはかなりのリスクを伴う。掘削している間はとても不安だった。けれど、出てきた源泉は、温度、湯量ともに十分なうえ、高濃度の重曹泉で微炭酸の発生する素晴らしいものだった。

温泉を掘削しているようす

仏生山温泉は家業の新規事業として立ち上がり、ぼくの設計事務所にとってもはじめての仕事になった。設計にとどまらず、温泉としての方向性の確認からオペレーションの構築、スタッフの採用、備品や制服の決定まですべて家族で行なった。特に父とは長い期間をかけて話し合った。そういう機会はなかなか得られないから、とてもよかったと思っている。準備は大変だったけれど、このことが後々の設計業務にも大きく役立つことになった。温泉全体の計画における設計者の立ち位置、建築設計以外のこととの関連をすべて把握することができたからだ。さらに施主の立場を経験できたことも大きかった。立場が違えば、見え方や感じ方も違うということを実感できた。

仏生山温泉は源泉かけ流しの日帰り入浴施設として2005年にオープンし、ぼくは番台を兼務することになった。温泉の仕事は楽しい。温泉を嫌いな人はもともと少ないし、疲れた顔で温泉に来るお客さんも、帰る時にはみんな気持ち良さそうな顔をしている。そういう風景を見るのはとてもいい。

まちで取り組む設計の仕事

設計の仕事も、年々増えている。設計、施行中のものを含めて、住宅の新築が3件、住宅の改修が3件、店舗や倉庫の改修が3件、同時に進んでいる。場所はほとんど香川県内だが、たまに県外の仕事もある。今一番遠いところでは新潟県で

仏生山温泉の浴場（© 藤村泰一）

住宅を設計している。もちろん仏生山で新しくできるお店に関わることも多い。
事務所のメンバーは3人、全員四国出身者だ。仏生山温泉がはじまる毎朝11時から、温泉の湯上がりどころに集まって定例の打ち合わせを行なっている。進行中の計画をすべて見渡して、進捗状況や決定事項を整理する。毎朝顔を合わせることはとても重要だ。実際に会うことによってのみ、確認できることがあるからだ。確かに、メールなどによって情報の共有はできる。しかし、気持ちの持ち方のようなものをみんなで合わせていくことが、一緒にものをつくっていくためには大切なことである。
たんに仏生山温泉の湯上がりどころで設計の仕事をしているだけなのだけど、

見方を変えると温泉が併設された設計事務所であるともいえる。温泉つきの設計事務所はたぶん全国でもここだけで、そういう意味ではとても贅沢なことかもしれない。設計事務所のメンバーは温泉入り放題である。いつ入ってもいいのだけれど、さすがに昼間には入浴していない。夜、仕事が終わってからが多いようだ。

定例打ち合わせが終わると、みんなそれぞれの仕事をはじめる。そのまま仏生山温泉にとどまることもあれば、設計事務所に戻る場合もあるし、温泉から200mほどのところにある「へちま文庫」という古書店で仕事をすることもある。この3カ所がぼくたちの仕事場で、どこにいてもよくて、その日の気分で決めていい。そもそも設計の仕事は最小限ノートPCさえあれば大丈夫だから、場所を固定する必要はない。

一応、それぞれの場所には役割のようなものがあ

仏生山温泉の湯上がりどころ

って、もともとの設計事務所には、本などの資料や建材サンプルやコピー機といった動かしにくいものが置かれている。

打ち合わせは仏生山温泉ですることが多い。天井の高さ、窓の大きさ、床の素材、細部の納まりなどについて、仏生山温泉そのものを現物サンプルとして説明できるので、施主や工務店との打ち合わせにはとても便利だ。何より、雰囲気が硬くならないのがいい。

へちま文庫では、店番をしながら設計の仕事をしている。店番の義務があるのは1人だけで、あとは自由だ。古書店だからだいたい暇だけど、たまにお客さんがきたら「いらっしゃいませ」と笑顔で接客する。開かれた設計事務所があって、たまたま古書も売っているという感じだ。ここはもともと、古書販売の機能を基盤にしつつ、人と人との関係性のなかからものづくりをする場所としてつくられた。家

へちま文庫。3ヶ所にある事務所スペースのうちのひとつでもある

具や服飾などいろいろな職種に就く数名が共同で運営していて、ぼくもその1人である。家具も衣類も雑貨も売っているし、コーヒーも飲めるし、毎週水曜日にはおいしいカレーを食べることもできる。

仏生山まちぐるみ旅館

温泉の仕事を続けるうちに、運営の大切なことは現場の空気をちゃんと見ていくことだということに気がついたし、ぼくはまちの温泉を運営する係になったのだと思い始めた。だから、今後もずっとここで暮らしていこうと考えている。

それからは、いかに自分の住むまちを今よりも楽しい場所にして、どうやったら、にやにやしながら暮らしていけるかということを考え始めるようになった。といってもそんなに大それたことを望んでいるわけではない。毎日でも通いたいおいしい定食屋さんとか、ゆっくり読書のできる居心地のいいコー

ヒー屋さんとか、自分が行きたいと思えるお店がその場にあって、毎日楽しくすごすだけで、十分ににやにやできると思った。

今、そういったすてきなお店を増やすことを目的のひとつにしながら、「仏生山まちぐるみ旅館」という取り組みを進めている。まちぐるみ旅館とは、まち全体を旅館に「見立てる」ということである。飲食や、客室や、物販や、浴場などが、まちに点在していて、それらをめぐることで旅館の機能を満たす。まちを旅館に見立てるというと、なんだか奇をてらったように思われるかもしれないけれど、実はそうでもない。なぜなら、まちも旅館も本当は一緒だからである。衣食住の機能がひとつの建物に入っているのが旅館で、地域に分散しているのがまちと呼ばれているだけである。よくよく考えてみると、どちらも「暮らし」のことだ。

まちぐるみ旅館として成立するには、最低限まず

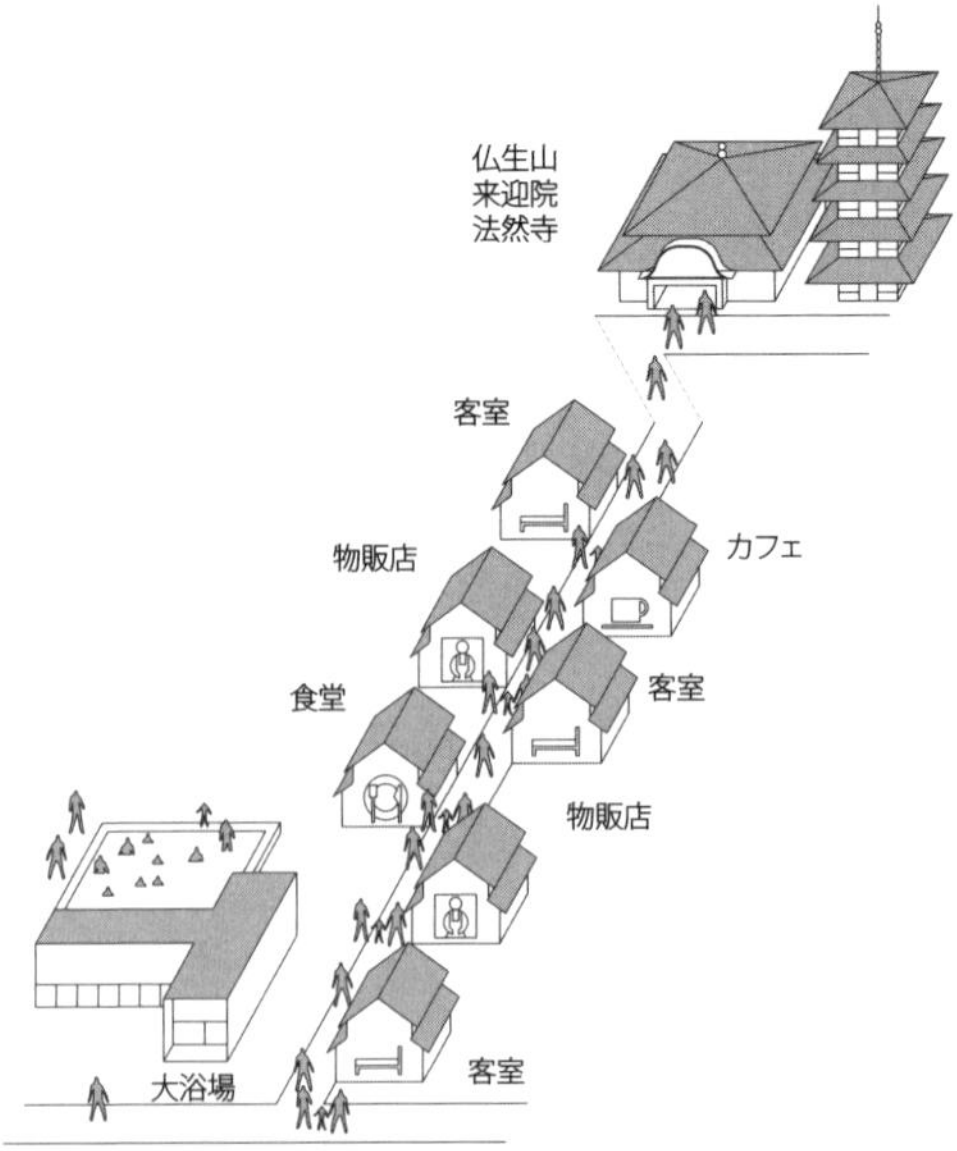

仏生山まちぐるみ旅館の概念図

泊まれるところが必要である。仏生山には、大浴場の役割を担う仏生山温泉やいくつかの飲食店はすでにあったけれど、宿泊できる施設がどこにもなかった。そんな時、以前設計を担当した近所の住宅が、家主の引っ越しにより空き家になった。さっそくそこを借りて、まちぐるみ旅館のひとつめの客室となる「縁側の客室」として運営をはじめた。仏生山温泉の開業から7年後の２０１２年のことである。

「縁側の客室」はもともと住宅だった。家としての居心地のよさと、過ごし方の自由度をそのまま残すこととし、家具の配置と、用途の変更だけを行なうリノベーションとした。グループや家族での利用に適した1棟貸しの客室である。

２０１５年には、二つめの客室となる「温泉裏の客室」も開業した。個人旅行者が気軽に利用できるよう、1名または2名用の個室を四つ設けている。プレファブ住宅メーカーの平屋をリノベーションした、小規模な宿泊施設だ。規模が小さいと内装制限がかからない、ということを活かして、ふんだんに木を使用した内装になっている。

まちの見方を変える

ぼく自身の、まちぐるみ旅館との関わり方はとても簡単で「まち全体が旅館です」と、ただそう言っているだけだ。まちぐるみ旅館とは、まちの見方を変えることだからだ。

まちぐるみ旅館が実際に動き始めてから、２０１４年には2軒、２０１５年には4軒、新しいお店が仏生山にできた。数は少ないけれど、仏生山のような郊外ではとてもインパクトのあるできごとである。これまで、お店が減ることはあっても増えることはほとんどなかったからだ。もちろん、まちぐるみ旅館という取り組みがあるというだけでお店が増えたと思っていないけれど、少なくともいくつかある要因のなかのひとつにはなっていると思う。お店も、積極的に誘致しているわけではない。どちらかというと受動的な感じである。まちぐるみ旅館に賛同してくれる人、そのことを魅力的だと感じてくれる人が、たまたまご縁があって、まちにお店を開くという流れになっている。地元の人がはじめたものもあるし、UターンやIターンでやってきた人が開いたものもある。

仏生山まちぐるみ旅館。「縁側の客室」の内観(右)と、2015年にできた2つめの客室となる「温泉裏の客室」(©フルタヨウスケ)

２０１５年にオープンした、Ｔ《ト》ＯＹ《イ》Ｔ《ト》ＯＹ《イ》は雑貨店だ。仏生山温泉のすぐ近くのところにある。店主の高柳さんは30代、家族4人で東京から移住し開業した。仏生山を選んだのは、子育てがしやすい環境ということに加えて、まちぐるみ旅館の取り組みをとてもすてきだと思ってくれたからだった。TOYTOYTOYは、店主がおもしろく商品の説明をしてくれることが特徴のひとつだ。そういうこともあって、お客さんとの距離が近いから、仏生山にあるお店を紹介する係のようなことをしてくれている。

まちのなかで、お店を紹介しあうような関係は、ひと昔まえは普通だった。夕食をつくるために、八百屋さんに行って、肉屋さん、豆腐屋さんと、まちを巡っていた。そうすると肉屋のおばちゃんが、「今日の豆腐はおいしいよ」といって、隣の豆腐屋をおすすめするような自然な関係があった。今仏生山にも少しずつお店が増えていっているなかで、同じようにお互いの店を気持ちよく紹介しあう関係がうまれつつある。まちのそういう空気はとても心地良い。自分のためが、みんなのためになり、みんなのためが、自分のためになること。そういうまちになればすてきだ。

雑貨店 TOYTOYTOY の前庭

暮らしや、仕事や、家や、まち

建築設計と、仏生山温泉の番台と、仏生山まちぐるみ旅館と、並行して行なっている三つのことは、ぜんぜん違うように見えるが、全部同じものづくりであると思っている。表面的な部分がちょっと違うだけで、それぞれの8割ぐらいは本質として同じ気がする。だから、ぼくのなかでは分けて考えていないし、分けられない。

暮らしと仕事も分かれていないように思う。宿直というかたちではあるけれど、仏生山温泉に住んでいるし、そこで仕事もしている。まちのみんなもお風呂に入りにくるし、だれかにばったり会うこともよくある。仏生山温泉は小さなまちのようなものだ。

仏生山の実際のまちのことも、外のことだと思わずに自分の庭のように愛着をもっている。まちにできるお店の設計は仕事だとしても自分ごとだ。お店ができればすぐ暮らしの一部になるからだ。

暮らしや、仕事や、家や、まち、そういうことはたぶんレイヤー構造のようになっている。重ねることのできる事象だ。横方向からだとそれぞれ別々に見えるけれど、縦方向からだと全部重なって見える。ぼくはたぶん縦派だ。

この縦派こそ、地方ならではのことなのかもしれないし、とてもすてきなことだと思っている。


不定期で行なわれている、おんせんマーケット

限界集落から社会を考える
——選択肢のない道を進むこと

-福島県 南会津町

芳賀沼整
はりゅうウッドスタジオ

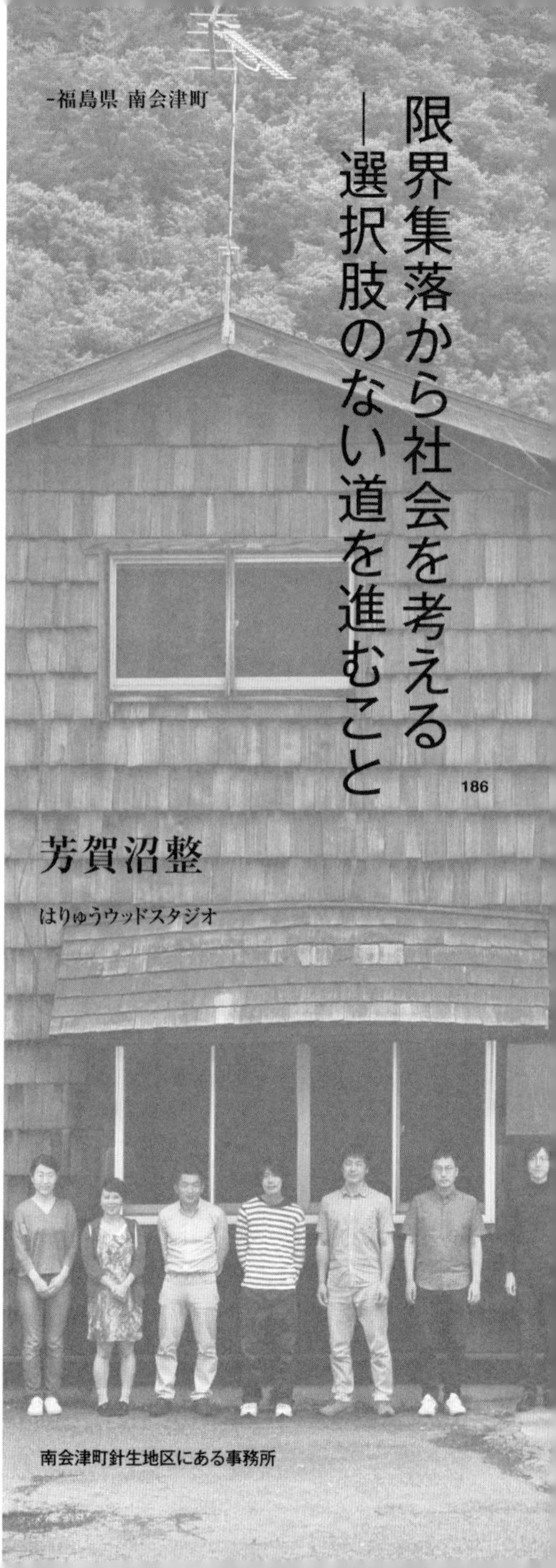
南会津町針生地区にある事務所

福島から熊本へ

東日本大震災から5年が過ぎ、福島県で携わった木造仮設住宅の事例をまとめていたときに、熊本地震の一報が入った。地震から2週間後、熊本県庁を訪ね、福島県内でつくられた木造仮設住宅６０００戸の研究データから、「うまくいったこと」と「うまくいかなかったこと」などを解説した資料を渡し、熊本で建てられる仮設住宅に活かしてほしいと考えたためだ。私たちは、２０１１年以降、ずっと被災地の内側にいた。復興のための重要な要素が何かは、福島での経験から判断することができる。

私たちの運営する「はりゅうウッドスタジオ」は、

福島県南会津に事務所をもつ建築設計事務所だ。過疎化が進む限界集落にある。２０１１年3月11日、私は、福島第二原発に近い富岡町の施主の家で被災した。私たちの目指す活動は、一般的なアトリエ系設計事務所と異なるものなのかもしれない。ひとつひとつの活動を中心に書いてみたい。

被災

２０１１年3月11日当日の朝、代表の滑田崇志と数人のスタッフを南会津の事務所に残し、私とスタッフ１名はある改築の打ち合わせのために双葉郡に向かっていた。

14時46分、富岡漁港を見下ろす、福島第二原発から２㎞北の海岸沿いの高台で

〈ガラスの内側から〉「3.11 以後の建築」展（金沢21世紀美術館、2014-15）における縦ログ構法の展示。未来の生活を模索する人々の姿を想って制作した

初めの大きな揺れに遭遇した。私は、近くにある、前年に完成したばかりの遠藤邸（後述の〈土蔵のある2世帯分居住宅〉）のことが気になって急ぎ引き返した。そこでは2時間前に昼食をご馳走になったばかりだ。そのときに薪ストーブが焚かれていたことを思い出した。

津波は押し上げるようにはい上がり、すべてを飲み込んでいった。鮭が上る富岡川沿いにあったその住宅は、川に引き込まれるように１㎞上流まで運ばれた。役場前の避難所で施主の奥さんに会ったとき、「家はありましたか?」と願いに近い質問が投げかけられた。それに対して、下を見て「何もなくなった」と答えるしかなかった。そのときに感じた、自然の力を前にした自分の無力さを、今でも思

い出す。

15時半前には高台に避難し、それから夜までのあいだ、津波被害の状況を見てまわり、深夜に富岡から大熊町を経由して郡山方面へ向かった。次の日からは、郡山市内など県内の、これまで設計で関わった人たちのようすを見て回った。そこでは多くの仮設住宅の必要性とともに、資材不足など、建設の困難を予想せざるを得なかった。このときに見た人々の動きや出来事が、その後の私たちの動向を左右し、震災以降の活動の原点となっている。

それらの問題に対峙することは、避けることのできない宿命のように感じられた。

震災後は、「建築家」としての活動の範囲を見直し、被災地に何が必要か、自分たちに何ができるかを考え、さまざまな専門家と協力し、チームとしての建築活動を模索しながらおこなった。

福島県では3月末時点で予想されていた必要建設

〈木造仮設住宅群〉施工者を含めたチームで取り組み、合計600戸を建設した

戸数1万４０００戸のうち、４０００戸を公募で補うことになった。最終的には約６０００戸の木造を中心とした仮設住宅が地元建設業者によって実現している。そこで私たちは、グラスウールなどの資材が不足している状況から、木材パネルのみでの仮設住宅をつくる「縦ログ構法」のアイデアを実行に移せないか検討を進めた。しかし、構法として確立していなかったため、最終的には従来の「丸太組構法」を採用している。郡山に臨時的に置いた事務所に泊まり込み、連日連夜、ログハウスの木造仮設住宅６０００戸の設計・監理、１０００戸以上の配置計画を行なった。配置計画では、日本大学工学部浦部智義研究室と共同し、プレハブにはない集落のような団地が実現した。また、難波和彦氏に協力を仰ぎ、構造システムの単純化、外部に面したアルコーブやフレキシブルな一室空間を実現した。

さらに、均質的な仮設住宅地内において、核となるものをつくろうと、南相馬市仮設住宅地に東北大学五十嵐太郎研究室、彦坂尚嘉氏と壁画のある集会所と復活の塔を、また本宮市仮設住宅地にロハスの思想を取り入れた集会所を浦部智義研究室との共同設計で建設した。

ある災害に対して、木造仮設住宅を４０００戸以上建設する事態は前例がなく、平時とは異なりそれぞれの立場で何ができるかを問われ続けた時期もあった。自治体関係者、設計者、施工者、住民が垣根をこえて提案を行う。それは厳しくもあるが、新しい提案に、それぞれが必要な協力をしあえる時期でもあった。

現在は、木造仮設住宅から復興住宅に移行し、仮設住宅の再利用が課題となっている。自治体からの指示を待つのではなく、こちらからも提案し、再利用のシステムを構築したい。

（次頁）森林資源の豊かな南会津町針生地区

南会津町針生地区に拠点を置く意味

　私たちの事務所は、南会津の山間部に位置する針生地区にある。スタッフは、出身地や卒業した大学もバラバラだ。それぞれの経緯で、事務所に集まってきた。多くが針生に住まいの拠点を構え各地で進行するプロジェクトに取り組んでいる。ここはもともと農業に適した土地に乏しく、戦後に入ってからも林業を主とし、季節の山菜を採ったり狩猟を行ったりして生計を立てる人々が多かった地域だ。かつては山間の林道がないところから馬を使って木材を引き出す「馬喰《ばくろう》」という仕事を生業としている人もおり、友人の家に遊びに行くと曲り家の玄関横に馬がいることも珍しくなかった。手押しポンプの井戸や暗い土間たたきがあったり、

〈土蔵のある２世帯分居住宅〉施主の山林

カイコを育てて繭を取る小屋裏があったりと、生業に対応した空間が生活のなかに散らばっていた。今は近くに古い雑貨屋があるぐらいで、周辺は山や川、点在する民家に囲まれており、駅もコンビニも生活圏と呼ぶには離れ過ぎている。

　こういうところで働いていると言うと「自然が豊かで素敵な場所ですね」などと返されることがあるが、だからといって実際に生活の場とする人はほとんどおらず、同じ福島県内の住民が冗談まじりに地域差別的な言葉を口にすることも少なくない。実際、南会津地域は高齢化率が高く、近隣では観光収入で伸びた檜枝《ひのえ》岐《また》や大内宿《おおちじゅく》以外は、限界集落かその１歩手前の集落が多くを占めている。

　針生地区が他の中山間地域と異なる点

がひとつある。30年前から、定期借地権を使った独自の方式で、都市・農村交流の拠点として、また2地域居住のための別荘地が、集落のなかに組み込まれていることである。ここで私たちは、地形を活かした小規模な別荘集落の設計を行っている。90戸を超える世帯の3分の1がIターンの住人で、都心のマンションや自宅を別荘的に利用し、この地で主に生活をする2地域居住者も多い。元新聞記者、教師、音楽家、放送局関係者など、独自の視点でものを考える住民の方々が農業や地元での活動などを行っている。四方を山で隔絶された地域や集落がつくる、独特の雰囲気や文化・生活・景観を活かすことで、建築と風景が融合する地方色や地域性を表現したいと考えるようになった。

山林の木々を使った〈土蔵のある2世帯分居住宅〉(2010)外壁に添って焼杉板の構造壁を20mにわたって直線に並べたもので、現在の縦ログ構造壁の原型として実践したもの

とはいえ、地元で多くの仕事があるわけではない。地元の会合などにはあまり参加していないし、プロポーザルや入札などの公共工事の設計以外には特別な営業活動もしていない。仕事は、建物を見るなどして興味をもってくれた人からの依頼が多い。地域の比率は、もともと県外と県内が半々程度だったが、震災以降は県内の仕事が増えている。

先述の遠藤邸〈土蔵のある2世帯分居住宅〉は友人の紹介がきっかけで依頼された。プロジェクトのスタート時、富岡川を挟んで10分ほど歩いたところにある山林に案内された。そこは施主の父が若いころに祖父と一緒に植林したという、家に代々伝わる杉と桧の森で、樹齢50年を超えるものが半数以上。この山林の木々を使い、代々住み継がれてきた敷地内に、母屋と分かれて子世帯が暮らすための分居住宅をつくることが求められた。山林から伐採された木は、建物の構造材だけでなく、外壁材として使用している。震災の前、ここにはひとつの物語があった。

そして２０１４年夏、震災直後の避難生活を送る富岡町町長として陣頭指揮をとった施主の父親が亡くなる。その父の代で改修された蔵だけが周辺地域で唯一残った建物となっていた。現在、その土蔵を震災遺構として保存する計画が進行中である。

地方の問題解決に向きあう

２００８年に、東北大学大学院を卒業したばかりの滑田が社長となり、個人事務所から株式会社化した。その際に強く意識したのは、「社会的な問題解決の手助けになる仕事をする」ということだった。

私たちのように地方の「山間地域」を活動拠点にしていると、潤沢な資金を準備して自由に考えさせてくれる仕事はほとんどない。「建築家」としての活動が成立するかというと、地方独特の背景、風習にがんじがらめになり、建物のつくりやすさ、生産性に流されてしまう可能性が高い。

会社設立から1年経った２００９年にある仕事が舞い込んできた。南会津町に約２４０年前に建てられた、照国寺の改修工事の設計業務である。傾いた構造体の修正をして、屋根の耐久性を高め、今後大規模な修繕を50年程度は行わずに済むようにするための工事である。真冬のお葬式では、隙間から雪が舞い込み畳が風で持ち上がってしまうような建物だった。

一般的に寺社建築の基準坪単価は住宅と比べると高めになる。檀家数１８０戸のうち60代や70代の方が多数で、80代、90代の方もおり、半数以上は年金

だけが現金収入なので、奉納金の額には限界があり、既存の寺の広さで、すべての性能を一様に満たそうとすると、改築であっても予算を超過してしまう。

そこでまず、撤去の是非を判断するため、現況を分析し、再利用できるか廃棄するかのチェックを、仕上げ材料や下地材、構造材、基礎構造に対して行う。どこの仕様がぎりぎりで、どこを補強すればセーフかを考えて話し合った。完全に現行基準にできなくてもバランス良い修繕によって災害に対応できるように工夫するのだ。その結果、構造的強度を保つことと耐久性能を高めること以外は現況を基本とし、最低限の仕様でもよいと確認して、コストダウンのため分離発注方式で施工した。

〈照国寺改装計画〉(2015)高齢化の進む過疎地の寺院が抱える課題に向き合った

でき上がった照国寺は、耐震性が確保され、真冬でも暖かく使える一方で、以前と同じシルエット、変わらぬ雰囲気を残している。

事務所の運営面からみると、設計事務所としての仕事にとどまらない現在の活動は、対応業務量が増え、複雑化する。そのためスタッフとのあいだに摩擦を生む恐れもある。しかし、そのような活動が、突発的な仕事に備えて予備的な能力を育てることにもなっている。

地方と建築家

私にとって、旅で見た風景のなかにも、同じ場所が変化して消えていった記憶のなかにも、必ず建築が関わっていた。人の声や周辺の物音、色彩は、年を経るごとに薄れてしまう。

中学のころから、家の本棚に置かれていた吉川英治全集や司馬遼太郎の歴史小説を読み、吉田松陰や高杉晋作が生まれ育った山口県萩市、土方歳三最期の場所である函館市の五稜郭、河井継之助が新潟から会津に向かう途中に越えた六十里越峠《ろくじゅうりごえ》など、歴史を通じて広がる日本のさまざまな場所に強い憧れを持った。16才で初めて一人旅をしたときには、夜行列車で移動し民宿の手伝いをして居候させてもらったりして夜をしのぎ、食べる物も食堂や駅弁ではなく現地調達がほとんどだった。

地方で設計をする上で、視点を重ね合わせることで生まれる「風景の連続性」と、過ごしてきた時間や記憶の長さの分だけの「時代の流れ」を表現することは重要だ。

かつて地方では、材料の産地、地形的な条件、気候風土、交通網、職人の交流や定着といったことが、

空家改築による拠点づくり(2013)。天栄湯本地区の集落中心部。茶会や落語など娯楽を楽しめる場所となった

建築の仕様、素材、構造、形状に影響を与えていた。しかし、今私たちのまわりでこうした特徴が残されているのは、40年以上前の建物くらいである。かつては大手ハウスメーカーが地方都市に進出しても、その範疇はせいぜい中心部に限られていたが、近年では枝葉の地域でさえ、職人との付き合いや知り合い同士のしがらみの煩わしさを断ち切るために、メーカー型の住宅を選択する人々が増えている。

彼らは建築にデザインを求めていないわけではなく、設計者と共に進めていく本来のプロセスを実物のない状況では想像できないのかもしれない。オープンキッチンのＬＤＫや庭付きの家というイメージだけに頼ってしまうと、カタログには載っていないプランや素材の持つ可能性は想像できないだろう。建築家には、コストや素材はもちろん、背景として見える風景まで想像する実践的な能力が必要となる。

縦ログ構法の展開。2016年には壁倍率4.0倍、準耐火構造の性能評価認定を取得した

住宅仕様の標準化――縦ログ構法

東日本大震災との遭遇によって変わったのは、住宅に対する意識だった。特に生産性を重視した、標準化を意識するようになった。福島県内の復興に尽くす。あの日、富岡町の被災現場で立てた目標のもとで、いくつかの試みが始まりつつある。そのひとつが「縦ログ構法」の開発だ。

「縦ログ構法」は、先に述べたように、福島県内の長期避難が予測される仮設住宅での採用を一時考えたものである。

第1号の「縦ログ構法」は、福島ではなく、２０１１年の秋に岩手県釜石市で実現した。元所員の岩間さんが、大槌町で被災し、復興へ貢献をしたいという思いから計画が進んだ。難波和彦＋界工作舎と浦部智義研究室との共同設計で釜石市内2か所に縦ログ構法による仮設集会所〈ＫＡＭＡＩＳＨＩの箱〉が建設された。縦ログ構法には次のような利点がある。

(1)木という単一の材料で供給することができる(断熱材、構造材、仕上材を兼ねる)、(2)パネル化により、現場での工期を少なくすることができる、(3)誰でもできることによる普及を目指した在来に近い構法であり、地域の大工や職人が製作に参加しやすい、(4)木材のテクスチャーが居住者に与える心理的効果がある、(5)地域の山に放置されているスギを大量に使うことができる。

派手さはないが、民謡のように地域に愛され続ける素材で、中小や零細な企業であってもつくることができるものだ。戦後に植えられた日本国内の樹木が60年から70年ほどたち、森には多くの木材が蓄えられているが、安い外国材に押されて国内材が売れなくなり、林業従事者がほとんどいなくなってしまった。結果、林業だけでなく国内の森が荒れた状況にある。木造の建物を増やし、国産の材木を多く使うことは、理にかなっている。

縦ログ構法は建築家の難波和彦さんをはじめ、遠藤政樹さん、秋田県立大学の板垣直行先生、日本大学の浦部智義先生らと、２０１４年より大臣認定取得に向けた実験と性能評価試験を行ってきた。２０１５年には大臣認定を取得している。

今年度には、「縦ログ構法研究会」を発足させ、中大規模建築物に適したパネルの開発、縦ログの標準化に向けた取り組みを進める予定である。また、遠藤政樹さん、構造家の江尻憲泰さんとともに設計した〈びわのかげ屋内運動施設〉では、標準化とは異なる新たな展開を探っている。

主体として、実行者として、伝達者として

このように、はりゅうウッドスタジオは、建築に関わるさまざまな取り組みをしている。そのため、収益や仕事効率を基準としない判断の仕方で、過疎対策や地域活性化へのベクトルを持ち続けることは、目に見えない粘り強さとなっているはずだ。突発的な災害からの復活や、高齢化した限界集落の維持存続を、未来の見えないただの存命処置に終わらせてはならない。建築家はそこへどのように切り口を変えれば入り込めるかを考える時期に入っているとも考えられる。今地方では災害以降の社会形成や始まりの建物だけでなく、経年変化で傷んだ建築の処理や単世代高齢者のサポートなどまでを網羅した多彩

〈びわのかげ屋内運動施設〉(2016)。屋内スポーツ練習施設。流線的空間をつくり出す素材の可能性も探っている

事務所のスタッフとともに。左から２人目が筆者

な解答が必要とされている。

具体的な提案としては、双葉郡の避難者が、行く末がまったく見えない状況に置かれたとき、「家を二つもつ」という2地域居住の考え方もあるだろう。復興住宅の建設時期にあたる現在は、郡山市郊外の過疎化が進む地区が、避難者を受け入れる集落群となりうるかどうか、地元の人たちと共に検討をすすめている。

地方においては、さまざまな場面で「建築家」としての活動がある。自分たちに何ができるか。地域人として主体でありつつ、施工や管理・運営に直接に関わる実行者でありたい。さらには、標準化を目標とした生産システムの構築、過疎地における高齢化対策に関する提案など、伝達者としての役割を模索し続けている。

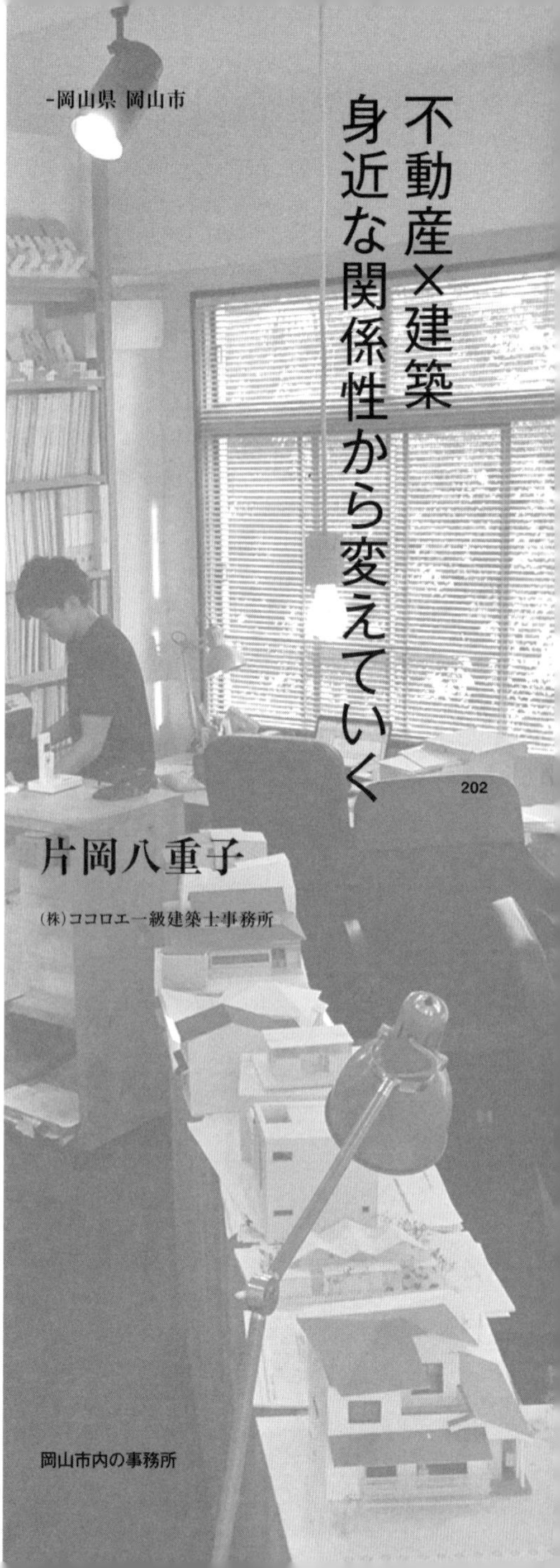

不動産×建築 身近な関係性から変えていく

-岡山県 岡山市

片岡八重子

(株)ココロエ一級建築士事務所

岡山市内の事務所

コンパクトライフ

自宅から事務所までは、旭川と中州にある後楽園とその奥に広がる山並みを望みながら橋を越え、自転車で5分の清々しい道のりだ。その景色を見るたびにこっちに来てよかったなと思うし、今日も頑張ろうとスイッチを切り替えられる。岡山の中心市街地はフラットで、自転車で移動するのが一番効率良い。普段の買い物先や銀行、調べもので使う県庁や市役所や法務局も自転車圏内にある。東京のように新しく刺激的なものがたくさんあるわけではないけど、必要なものは大体揃うし、こっちにしかないものもたくさんある。言葉も慣れ、単語程度ならばこっちの言葉も少しは使えるようになってきた。高度成長期に急激に成長した千葉県の新興住宅地で育ち、満員電車で都内に通う生活をしていた私にとって、こんな生活を送ることになるなんて、まったく想像していなかった。

岡山に設計事務所を開設して9年目の今、スタッフ3人と共に充実した日々を過ごしている。設計の仕事は個人住宅が多いが、物販や飲食の店舗、保育園などの施設のプロジェクトも行ってきた。改修プロジェクトに力を入れてきたこともあり、4対6くらいの割合で新築よりも改修のほうが多いのが、事務所の特徴かもしれない。まちづくりに展開するプロジェクトや商店街など地域と連携するプロジェクトも多い。エリアは岡山・尾道周辺や中国・四国、関東、東北…と、気づけばかなり広域になってきた。

小型フェリー倉庫を改修したカフェ(左)と住宅の改修プロジェクト(右)(©michiho)

改修や地域と連携するプロジェクトが多いのは、私がNPO法人尾道空き家再生プロジェクトの一員(現在同NPOの理事)で、活動のなかで「空き家」と「地域」と向き合ってきたからだ。独立と同じタイミングで出会ったこの団体は、その後の私の原点ともいえる。壊して新しいものを建てることができない地域で、風景として後世に残していきたい町並みをどう守っていくか。エリアに400軒以上ある空き家を再生し、これからの尾道をどう変えていくかを、仲間とともに考えてきた。

不動産会社から建築学科へ

短大を卒業し、不動産建設会社に就職した。不動産に興味があった訳ではないが、学歴や性別に囚われず、やれる人にはどんどん任せるというスタイルが自分に合っていると思ったからだ。それに、ほかにも建築や出版、旅行など多角経営をしている会社だったため、大学で学ぶことが叶わなかった建築の世界にかかわれるかもしれないという期待もあった。

入社後に配属された新規店舗での仕事は、主に賃貸の仲介業務だった。仲介の仕事がどのように社会に役立っているのか、自分の給料は何の対価なのか、うまく結びつけられなかった私に、上司は「成約するということは、その人のために役立ったという証で、成約が多いということはたくさんの人のためになるということなんだよ。」と教えてくれた。それを真っすぐ受け取った私は、多くの人の住まいや店舗を仲介することに喜びを感じるようになった。職場が高校時代を過ごした千葉県柏駅近くにあり、就職前にはただの客として訪れていたお店に、仕事を通した新たな関係性が生まれることも楽しかった。自分が入手した情報を基に複雑な成約条件をまとめ、新たな店を街に挿入できることは、地元の街をつくっている実感があって楽しく、ボロ雑巾のように柏の街中を動きまわった。不動産や建築の知識が乏しく、失敗もしたが、厳しくも温かい上司や先輩、励ましあえる同期の存在に支えられ、仕事をしながら宅建をとり、1年目には新人賞、2年目も優秀賞と社内で表彰された。

2年間の努力の甲斐あって、3年目に住宅部門に異動になり、住宅の設計に携わることができた。建築学科出身でない私に、上司が製図の宿題を出してくれた。深夜に帰宅し、睡眠時間を削って図面を描く日々だったが、とにかく覚えることが楽しかった。

ところが、ようやく注文住宅の担当をさせてもら

（前頁）通勤中に見る好きな景色

えるようになった矢先、非情にも本社の人事部へと異動になってしまった。面白さをわかり始めたタイミングでの異動でショックも大きく、社内でのビジョンが描けなくなった。努力してキャリアを積んでも、また会社の事情で異動になるだろう。組織のなかでやりたいことをやるのは難しいと判断し、大学に編入しようと決意した。ただ、お世話になった先輩方に申し訳ないという気持ちもあって、会社を続けながら建築を学ぶ道を選んだ。

入社して6年目の春、東京理科大学工学部II部の建築学科2年次に編入した。社会人として働きながら大学に通うというのは、予想以上に大変だった。平日は朝から定時まで働き、ダッシュで学校に向かった。文系からの編入だったため、土曜日に数学や物理の講義を受けなければならなかった。日曜日は設計製図の課題やレポートに追われた。昼休みや通勤時間も試験勉強に充てたため、社内でのコミュニ

ケーションもとれなくなっていった。せっかく通うならばしっかり学びたいという気持ちと、同僚が毎晩残業しているなか、定時で上がる申し訳なさで悩み始めたころ、先輩たちが「しっかり学んで戻ってこい」と背中を押してくれた。二足の草鞋生活は半年で終了し、会社を辞めた。

友人や同期が社会のなかでどんどん大きな仕事を任せられる一方、自分は学生。キャリアを捨てて飛び込んだので、この時間を無駄にはしないという思いもあり、日中は大手組織設計事務所、建築家のアトリエ、製作家具会社など、大学の課題や研究と両立でき、経験になりそうなところを選んだアルバイトをした。大学の授業は単位数に関係なく取れるものは何でも取った。

建築業界は細かく専門が分かれ、それぞれが理論づけられており、建築で語られていることがまちに生かせれば、もっと面白いまちや社会ができるので

はないかと思っていた。リアルにまちを動かすことを経験していた私は、建築の世界でどういうポジションに立てばいいのか、漠然と悩んでいたときに、大月敏雄先生の研究室に入った。大月研究室では、その年四つの同潤会アパートの更新が決まり、研究室総出で実測調査や研究会に駆り出された。それ以外にも国内外の他団体や他大学との共同プロジェクトがいくつも進んでいて、毎日が刺激的だった。のちに尾道を紹介してくれる真野洋介さん（現・東京工業大学准教授）に出会ったのもこのころだった。大月先生は長く使われている建築を調べ、そこから見えてくる計画や制度を見直す研究をされていた。先生から、建築が計画されている敷地内だけではなく、その背景にある社会をみること、そこから考えて、設計、計画することとの必要性を教えていただいた。独立後の私のスタイルに大きく影響している。

設計事務所を経て独立

大学卒業後は、建築家の岡村泰之さんの設計事務所に入り、時間をやりくりして一級建築士の試験にも合格した。数件の住宅設計を同時に担当する忙しい日々だった。岡村さんは1プロジェクトを1人のスタッフに任せるスタイルだったので、待ったなしでクライアントや現場とやり取りしなければならず大変だったが、多くの経験を積むことができた。不動産と建築の同時通訳ができる強みを利用して、建築家×不動産プロジェクトを成功させることもできたのだが、移り変わりが早く、不動産価値の高い東京で、建築デザインというツールだけで鋭く面白いプロジェクトをつくり、市場を動かす難しさも痛感した。

事務所に勤務して5年目になると、ステップアップを考えるようになり、独立も視野に入ってきた。そんなときちょうど、付き合っていた現在の夫が、いずれは実家のある岡山に帰りたいと考えていることを知り、それならば結婚し、お互いに仕事を辞めて、岡山に引っ越そうということになった。まったく知らない土地で新たにスタートすることに不安はなく、新たなフィールドでむしろ放たれた鳥のごとく自由に飛べることが嬉しかった。

そして移住2ヶ月後の2008年2月末には「すまい・まちデザイン」を掲げ、設計事務所「ココロエ」を開設した。

新しいフィールド――〈尾道空き家再生プロジェクト〉

岡山に移住して数日後の2008年1月、大学時代に知り合った真野さんからの紹介で、尾道空き家再生プロジェクト

尾道の斜面地と家並み

（現在NPO法人）の代表である豊田雅子さんに出会った。彼女は同い年で、半年前に市民団体を立ち上げたばかりだった。移住した直後でぼんやりとした時間だったので、何か手伝えることがあればという程度の軽い気持ちで関わりはじめたのだが、それから毎日のように豊田さんから連絡をもらい、足繁く尾道に通う日々がスタートした。

尾道の空き家の多くは、基礎やプラスターボード遮音、断熱など、現代の住宅に不可欠とされているものはなく、土壁の上に何層も塗り重ねられた漆喰や、一枚ものの天井板、化粧された垂木、書院の格子など、大正時代から昭和初期にかけての、木造建築が華々しかった時代につくられた建物だった。東京で手がけて

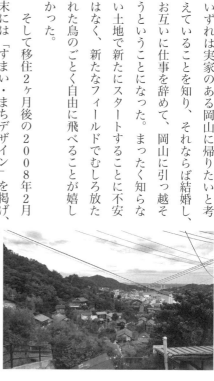

きた新築住宅現場で使っていた材料や工法では、とても太刀打ちできないことを思い知らされた。尾道空き家再生プロジェクトの会員には、年の近い大工、左官、瓦、塗装などの職人さんや、古民家に詳しい建築家の渡邉義孝さんがいた。再生する空き家があれば実測図面を起こし、みんなで建物を見て、予算内でどこをどう優先的に直すかなどの議論をした。空き家は車輌が入らない路地や石段沿いに立っているため、改修方法も限られていて、再生するには設計者と施工者が同時に建物を見る必要があった。しだいに伝統構法の知識もついていった。

当時団体には資金がまったくなく、空き家を直して住みたいという方の相談や、団体が自ら再生する物件の改修案づくり、各職人さんとのやりとり、岡山から尾道の交通費もすべて手弁当だった。「お金にもならないのによくやるね」「自分のデザインができないのに建築家が関わる意味があるのか」など、

周りの建築仲間の目は冷ややかだったが、一軒の建築のデザインをすることだけが建築家の仕事ではないと思い、尾道通いを続けた。一軒一軒、空き家再生のケーススタディを積むことから再生の糸口をみつけ、周りを巻き込む仕組みや仕掛けをつくっていった。特に「尾道空き家バンク」の仕組みづくりでは、不動産の知識と経験をインストールすることができた。

豊田さんは、ボランティアで関わっている私を心配してくれて、仕事に繋がりそうな人を紹介してくれた。職人方も案件があると設計してほしいと仕事を持ってきてくれた。おかげで、仕事と両立して空き家再生に関われるようになり、尾道のまちのあちこちに自分が設計した店や住まいができ、友達も増え、そこからまた仕事が発生するような循環ができ、尾道が新たなフィールドとなっていった。

尾道での現場は、職人方に直接発注する分離発注

2010年にNPO法人尾道空き家再生プロジェクトで企画した「脱空き家を考えるワークショップ」

方式で行ってきた。監理者としては仕事も増えるが、直接細かい打ち合わせができ、こちらの設計意図も直接伝えることができる。改修工事の場合は、図面で表現しきれない納まりも多いので職人方とのコミュニケーションは非常に大事になってくる。新たな技法や素材にチャレンジしたり、家具や看板などは尾道のクリエーターに依頼したり、クライアントとDIYをしたりと、工務店施工よりもレンジを広く持つこともできた。現場を重ねるごとに相互理解も深まり、「今回もいいものができたね」と一緒に完成を喜び合えることも嬉しい。

商店街の空き家再生——〈NAWATEプロジェクト〉

尾道空き家再生プロジェクトが空き家再生の成功事例としてメディアに取り上げられると、そこに関わっていた建築家ということで、岡山でも声がかかるようになった。

２０１２年の夏に岡山で不動産会社バルプランの石井信さんから、奉還町西商店街内の空き家を再生できないかと相談された。岡山駅から徒歩15分という立地だが、衰退が激しく空き家も空き地も増えているエリアだ。家賃は安いので、環境が整えば若者の新規出店の可能性はあるが、元々肉屋の作業場と店舗、それ以外に貸店舗もあり、従業員の住まいも付属している規模だったので、改修費用もそこそこかかるため、事業とセットで考えなければ再生できないだろうと思った。

尾道でも、大きな空き家は一個人の力での再生が難しく苦悩していた。ＮＰＯが自ら事業をすることを選択し、再生費用の捻出と、尾道に住みたい若者の雇用の場をつくろうと、ゲストハウスとカフェを併設した「あなごのねどこ」を改修しているころだった。

岡山の場合は、尾道のように事業を担える組織が

商店街内の空き家再生。〈NAWATE〉の減築してできた中庭（©michiho）

あるわけではなかったので、まず周りで興味がありそうな人を集めてチームをつくり、コーディネートをココロエが行った。チームは、地域の字名であった畷《なわて》から、ＮＡＷＡＴＥプロジェクト実行委員会と名付けられ、コンセプトづくり、人を巻き込むプロセス、発信手段、入居者の募集要項や入居規約まで皆で考えた。再生中の状況を周辺の人たちにも知ってもらおうと、工事現場で開いたイベント「小さなお祭り」や、岡山市内外のお店に募集チラシを手配りすることもメンバーの発案だった。やがて半信半疑だった近所の人も好意的になり、いろいろな場面で協力してくれるようになった。ゲストハウスの内装や共用部分の塗装、庭づくりはＳＮＳで協力者を募り、延べ２００名以上のボランティアによって施工された。

２０１３年７月、20年以上空き家だった建物を、敷地一杯に増築されていた家屋の約３分の１を減築

して、中庭やギャラリー、共同キッチンなどのシェアスペースを持つ、ゲストハウスと小さなお店が集まる空間として再生した。実行委員メンバーのうち2人が建物全体の管理人も兼ねて、ゲストハウス「とりいくぐる」をオープンさせ、ここで何かやりたいという旅人や地域の人と一緒にイベントを企画してきた。ゲストハウスの常連も増え、近所に暮らす人の常連も増えている。

2015年の10月には、このエリアに暮らしや仕事の場をつくろうと、この事業を一緒にやってきた石井さんと「とりいくぐる」の2人、東京から移住してきた学生と私の5名で合同会社を設立した。ゲストハウスの運営も軌道に乗り、周辺に空き家や空き店舗が増え、周辺から2号、3号のスペースづくりを期待されたからだ。まずは角地に建つ、元パン屋の建物をまちのラウンジにする改修が進んでいる。

(上)ゲストハウスとりいくぐると鳥居(©michiho)
(下)〈NAWATE〉実行委員と入居者(©michiho)

市民が動いて行政を巻き込む——〈福岡醤油建物プロジェクト〉

日本三大庭園のひとつである岡山後楽園の園前に建つ元醤油屋の建物を改修する〈福岡醤油建物プロジェクト〉も、尾道での空き家再生活動を知ってくれた建築家の弥田俊男さん(岡山理科大学准教授)からのお誘いがきっかけだった。まちのシンボル的な建物でありながら空き家となっていたその建物は、地域のまちづくりの団体が主体となり、岡山理科大学がサポートする形で保存・活用を進めていた。

しかし、月1回開かれていた会合での議論は、行政の対応を責めるばかりの堂々巡り。行政が主体ではなく、住民が主体で、自分たちが楽しみながら、周りを巻き込むことを考えるべきだと思った。そうでなければ続かないし、面白いことができない。

そこで弥田さんと提案したのが、空き家をバーとしてまちに開くイベント「たまりＢＡＲ」だった。

とりいくぐる
GUESTHOUSE&LOUNGE

若手メンバーや学生、設計事務所のスタッフ、近所の人たちで、建物の掃除をし、倉庫に残っていた醤油樽や瓶のレイアウトをして会場をつくった。イベントは回を重ねるごとに来場者が増え、敷地からあふれるようになったので、最終回の5回目は周辺の店舗にも出店してもらい、近くの空き地にも会場をつくって「まわりBAR」に発展させた。

地域メディアに取り上げられたことを機に、建物を残したいという声が広がり、約5000名の署名も集まった。それでも行政の動きが鈍い。プレゼンする機会を取り付け、BARイベントやワークショップなどの活動実績や周辺のまちづくりのビジョンを提案書にまとめた。ここまでやれば行政も動かざるを得ず、市長に提出し協力してもらえることになった。保存・活用に向けて、具体的な設計がスタートしている。

岡山〈福岡醤油建物プロジェクト〉たまりBAR（出典：福岡醤油建物プロジェクト Facebook）

すまい・まちデザイン

設計事務所を開設するときにメッセージとして掲げた「すまい・まちデザイン」という言葉には、建築単体の設計に限らず、まちのこと、暮らしのこと、その周辺環境を含めて積極的にデザインしていきたいという思いを込めた。地方に来て感じたのは、空間も、それをつくる仕組みや制度も、あるときから時間が止まっているということだ。現代の価値観や生活スタイルに合わせて変えながら、歴史や文化、景観を受け継いでいく「コミュニティリノベーション」が求められている。法律や制度を変え、都市計画の線を引き直すような大きな変革がなければ社会が変わらないのではなく、身近な関係性を見直したり、自分たちができることから発信し、周りを巻き込んでいけば、少しずつ環境が変わっていくことを実感している。地方にはその余地と可能性がまだまだたくさん転がっているのだ。スタッフや仲間とともに、暮らしや社会が楽しくなるようなコトを積極的に見つけ出し、場をつくり続けていきたい。

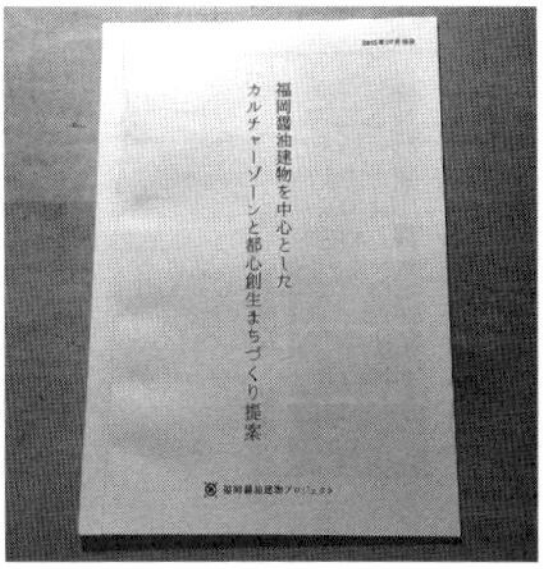

〈福岡醤油建物プロジェクト〉たまり Bar のようす（右、出典：福岡醤油建物プロジェクト Facebook）と提案書（左）

特殊解ではない、社会的な提案を孕《はら》む建築

—京都府 京都市

奥谷繁礼

奥谷繁礼建築研究所

京都市内の事務所。歴史的市街地の外れに建つビルの4階

13年目

昨日、西安から帰国した。西安は古称を長安といい、隋唐の都城として建設された歴史上、京都とも由縁の多い都市である。西安に新築されるホテルの設計依頼があり、事前のメールのやり取りで万全を期した契約のための渡航のはずが、どうもうまくいかず契約せぬままに帰国した。

現在、事務所ではおよそ20のプロジェクトが進行中である。そのうち8割が京都でのプロジェクトで、6名のスタッフと4名のインターンで取り組んでいる。スタッフは全員日本人で、京都出身者はいない。インターンは日本人の他、台湾とフランスから受け

入れている。業務は主に建築の設計監理だが、その他に地域計画に関するプロジェクトなども進行中だ。近年は京都の伝統的な住居形式である町家を改修する仕事が多い。リノベーションブームや、インバウンドによる宿泊客室数需要、海外や東京からのセカンドハウス需要の増加が著しい。

学生時代の問い

もともと町家改修に興味があったわけではない。大学ではアジア、アフリカの都市や集落を専ら調査する研究室に所属し、布野修司先生や諸先輩の海外調査についてまわった。そのなかでいつしかグリッド都市に関心をもつようになった。グリッド都市は計画された都市である。

2回生の時に調査したインドネシア・スラバヤのカンポン（都市に持ち込まれた集落）。山本直彦さん（現奈良女子大准教授）の研究を手伝いに1ヶ月間現地滞在した

しかし都市が生きながらえるなかで、当初の計画理念などは意味を失い、都市の構造は変容していく。グリッドパターンはその変容をいかに規定しいかに許容しているかに興味を覚えた。修士研究は、京都を事例に、グリッド都市の変容と現況について調査分析した。京都の旧市街ともいえるエリアをくまなく歩き廻った。建物に囲まれた街区の中央のようすを窺うため、ありとあらゆる路地や建物間の隙間、建物の非常階段などから侵入を試みた。アスファルトの上を車が行き交う街路からは想像もしえないような、植物が生い茂り、猫が走り回り、低層町家の屋根の上にテラスが架けられ洗濯物が干された混沌とした風景を街区の中央に見出したとき、心が躍った。

修士論文を書きながら、京都という都市がこれからどうあればいいか、特に街区と地割りと建物の関係がどのようにあればいいか、考えを巡らした。ただ大学院を修了する際、布野先生から、じゃああなたはどのような建築を京都に設計しますか、と問われた時にまとまった考えを返せなかったことが悔しく、まずは現代の京都でモデルとなりうる建売住宅や集合住宅を設計しようと考えた。とはいっても修士論文を書き上げた直後、資格や仕事のあてなどあるわけでもなく、家に籠って本ばかり読んでいた。そんなときにありがたいことに大学の先輩らから彼らが京都で協働でされていた設計事務所で一緒に仕事しないかと誘ってもらい、京都で建築設計を始めることになった。

仕事を始めた当初

初めての仕事は、大学時代の友人の紹介で、神戸

京都旧市街の街区中央。樹木が茂り、屋上テラスが架けられる。街路からは窺い知ることのできない雰囲気

の三宮駅近くのビルの一室で新しく開業するマッサージの店舗の内装デザインだった。予算も少なかったので、知り合いにも声をかけ、自分たちで木を切り、釘を打ち、ペンキを塗ってつくりあげた。当時は仕事もさほどあるわけでもなかったはずなのに、正月含めてほとんど毎日、朝から深夜まで夢中になって設計に取り組んでいた。

当初から望んでいた京都の旧市街での建売住宅を設計するような相談もなくもなかったが、こちらの考えと事業主である施主の要望との食い違いをうまく処理することができないままに実現されることもなく、悶々とした思いを抱えていた。不動産事業者に対しては一方的に苦手意識を覚えた。こちらが望むのは、いかに現代の京都にふさわしい住居形式を生み出せるか。彼ら事業者が望むのは、いかに確実に大きな利潤を生み出せるか。今にして思えば、お互いにお互いの主張をするだけで、プロジェクトがまとまるはずもなかった。プロジェクトが実現しないので、大学の先輩である正岡みわ子さんと後輩である池井健さんと研究会をつくり、京都市内の架空の敷地に、現代にふさわしい京都型住宅の設計案を勝手に検討していた。

神戸のマッサージ店。ビルの5階にある。床には玉砂利を敷き詰めた

コンペ——〈京都型住宅モデル〉と都市居住推進研究会

池井さんが京都市景観・まちづくりセンターと都市居住推進研究会との共催による「京都まちなかこだわり住宅設計コ

ンペ」（2005）なるコンペを見つけてきたのは、まさにそのようなときだった。それは現代の京都における建売住宅のモデル構築をテーマとしたコンペだった。もちろんそのコンペに3人で応募した。無事に1等を獲得、実際に設計する機会を得た。コンペでは、他が、庇や格子など街並みを表面的に形成するデザインコードのあり方や、通り土間や坪庭を現代的にアレンジしたプランニングに注力していたのに対し、我々は特に、京都特有の地割りの現況を読み解き、その敷地における建物配置について重点的に提案し、それが評価された。街路側（オモテ）に建物を建て、街区中央側（ウラ）に庭をとり、そのような建て方が集合することで、オモテに壁面線が整った街並みが形成され、ウラにまとまった空地が連担する、その空地を街区居住者の共用地に充てる、そこで年寄りが子供の面倒をみて子供が年寄りの世話をするような相互扶助の場となることを期待する、

(上右)「京都まちなかこだわり住宅設計コンペ」で提案したプラン
(上左)〈京都型住宅モデル〉配置図兼1階平面図
(下)〈京都型住宅モデル〉現代の京都における一般的な住宅モデルの構築をテーマとした(© 杉野圭)

そのような提案である。もちろんここでは、モデュール化された壁柱を建て並べる構法により工期が短縮し建築費が低減する、という具合に事業性についても配慮した。

ちなみこの構法については、京都市に提出した確認申請において認められなかった。その理由やそれまでの過程が我々にとってはなかなか納得できる内容ではなく、行政に対して一方的に苦手意識を覚えた。

確認申請の件も含め、このプロジェクトを通して事業者である株式会社建都住宅販売の井上誠二さんやコンペのコーディネーターであった大島祥子さんには本当によく叱られた。そしてそれとなく京都で仕事するうえでのマナーを教えられた。そのうえでともに我々の提案の実現のために尽力してもらえた。そのおかげで、構法の変更を最低限に留めつつ、その他のコンセプトはほぼそのままに〈京都型住宅モデ

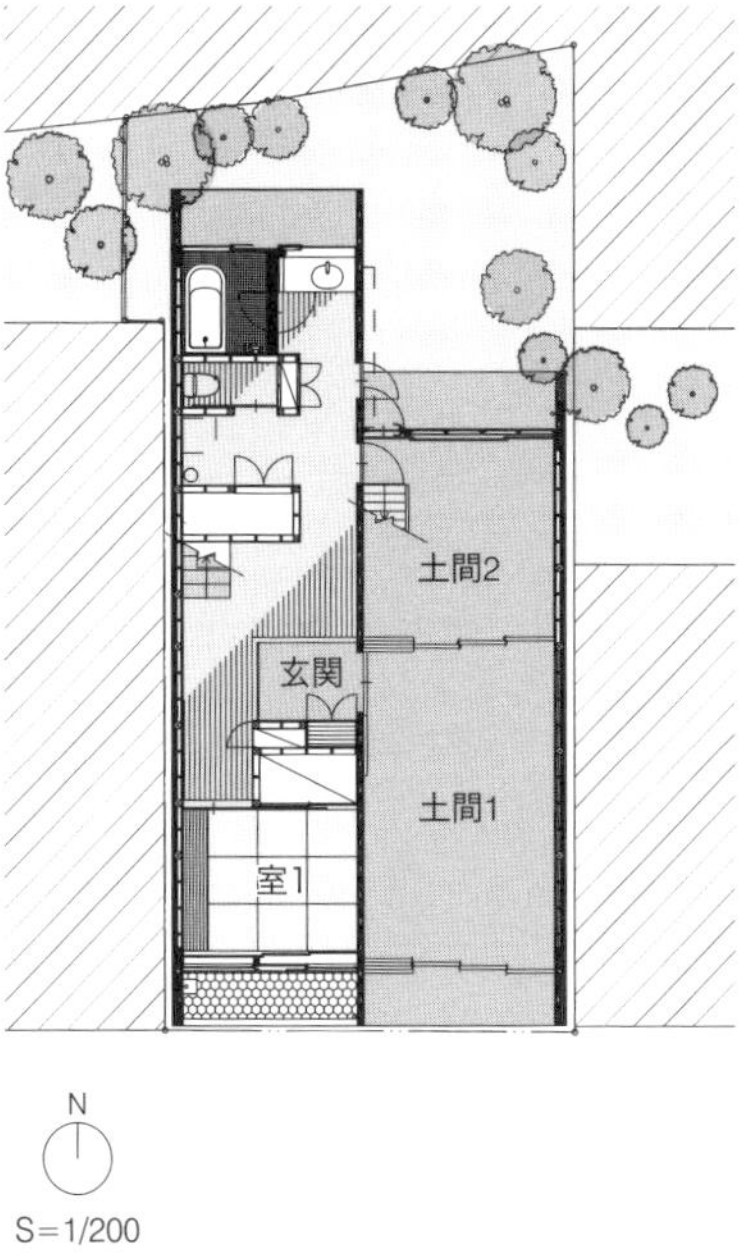
土間2
玄関
土間1
室1
N
S＝1/200

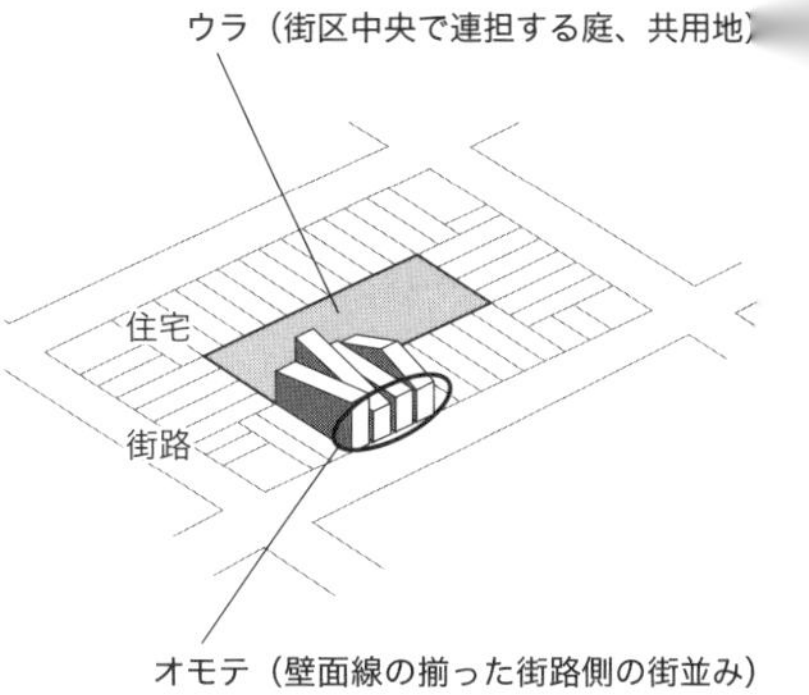
ウラ（街区中央で連担する庭、共用地）
住宅
街路
オモテ（壁面線の揃った街路側の街並み）

ル〉は竣工した。

この住宅の発表以降、建築設計の依頼が増えた。旧市街に新たに集合住宅を設計する機会も得た。そこでも街区中央に空地が連担すべく中庭型の集合住宅を計画し、バルコニーはすべて中庭に向けてとっている。同時に、都市居住推進研究会の委員として、京都という都市についてて不動産事業者や学識者、まちづくりコーディネーターの方々と定期的に議論する場が得られた。都市居住推進研究会は、不動産・建築事業者や、学識者、行政関係者を中心に100名程度の会員により構成されている。委員の方の紹介により建築設計の依頼を得ることもあった。〈西都教会〉や〈太秦安井の住宅〉は井上さんや大島さんの紹介により実現した。

〈府庁前の集合住宅〉街路側にはバルコニーがとられていない（© 松村芳治）

京都のむずかしさ？

京都で仕事をするのは大変じゃないか？　という類の質問をよくされる。どうも他地域に比べ、京都は景観条例をはじめとしていろいろ規制が多いようだ。法令を遵守していればいいというわけでもなく、近隣の方々との話し合いに時間がかかることも少なくない。法令とは別に町式目が定められていたりもする。他地域と比較すると、確かに京都での仕事は大変かもしれない。しかし、ここで仕事を始めた私にとっては、京都が大変というよりは他地域での仕事がやり易く感じることがあるというのがより正確な実感だ。

京都の人は閉鎖的で冷たくないか？という質問もよくされる。しかし、京都の人に対する私の印象は、寛大でとても面倒見がいい、である。まだろくに実績もなかったころ、建築のことはよく分からんけど、あんたそない言うんやったら、とりあえず1回やってみなはれ、という具合に設計を任されたこともある。そしてそんなことを言いつつ、決して口には出さないが、しっかりこちらの仕事の仕方やでき上がりを見て評価してくれる。そして叱られたりもしつつまた依頼してくれる。

現に、何の経験もなく京都出身でもない私が、京都で仕事を始め、京都の人に仕事の機会を与えてもらい育ててもらい、今に至っている。もちろん甘えたり筋の違うことをしでかしたりしないように気を付けているが、それは京都にかぎらずどこにいても同じであろう。

〈西都教会〉四周から光が降り落ちる礼拝空間。窓は視認できない（© 中村絵）

〈太秦安井の住宅〉既存の離れにブリッジを架けるようにして増築した（© 笹倉洋平）

町家改修——不動産事業者との協働

2010年、不動産事業者であり都市居住推進研究会の委員でもある株式会社八清の西村孝平さんから町家改修の設計をしないかという話があった。私が大学院在籍のころくらいから、京都では町家改修が話題になりはじめていたが、引き受けるかどうか躊躇した。もちろん重要な仕事なのだが、むしろ私は伝統的な住居形式を保全するだけではなく、新しい住居形式をつくりださなければならないと考えていたからだ。当時の町家改修は、状態のいい町家にコストと時間をかけて復元したものか、あるいは、木製建具をアルミサッシに変更し崩れ落ちそうな土壁の上にボードを貼ってビニルクロスで仕上げるなど、不具合を場当たり的に対処したものがほとんどであった。一方でおびただしい数の町家が相も変わらず取り壊され続けていた。そのような状況にあって、不動産事業者とともに、荒廃しかかった状態のよくない町家を対象に、早く安くたくさん、必ずしも復元には囚われずに根本から改修する、という町家改修の新たな選択肢をつくることは、町家の減少に少なからず歯止めをかけて後世に繋げうるという意味で有意だろうと考え直し、取り組むことにした。

八清さんにはじめ求められたのは、ほぼ既存のままの平面プランに対し、壁、床、天井の仕上げを提案してくれ、という内容であった。もちろんそれだけではつまらないので、既存を活かしつつ腐朽した箇所を大幅に変更したプランを提案した。竣工すると、幸い評判はよく、その後も改修の設計依頼が続いた。施主であると同時に施工者でもある不動産事

「再建不可」の敷地が合筆されると大きな敷地となり、マンション建設が可能となる

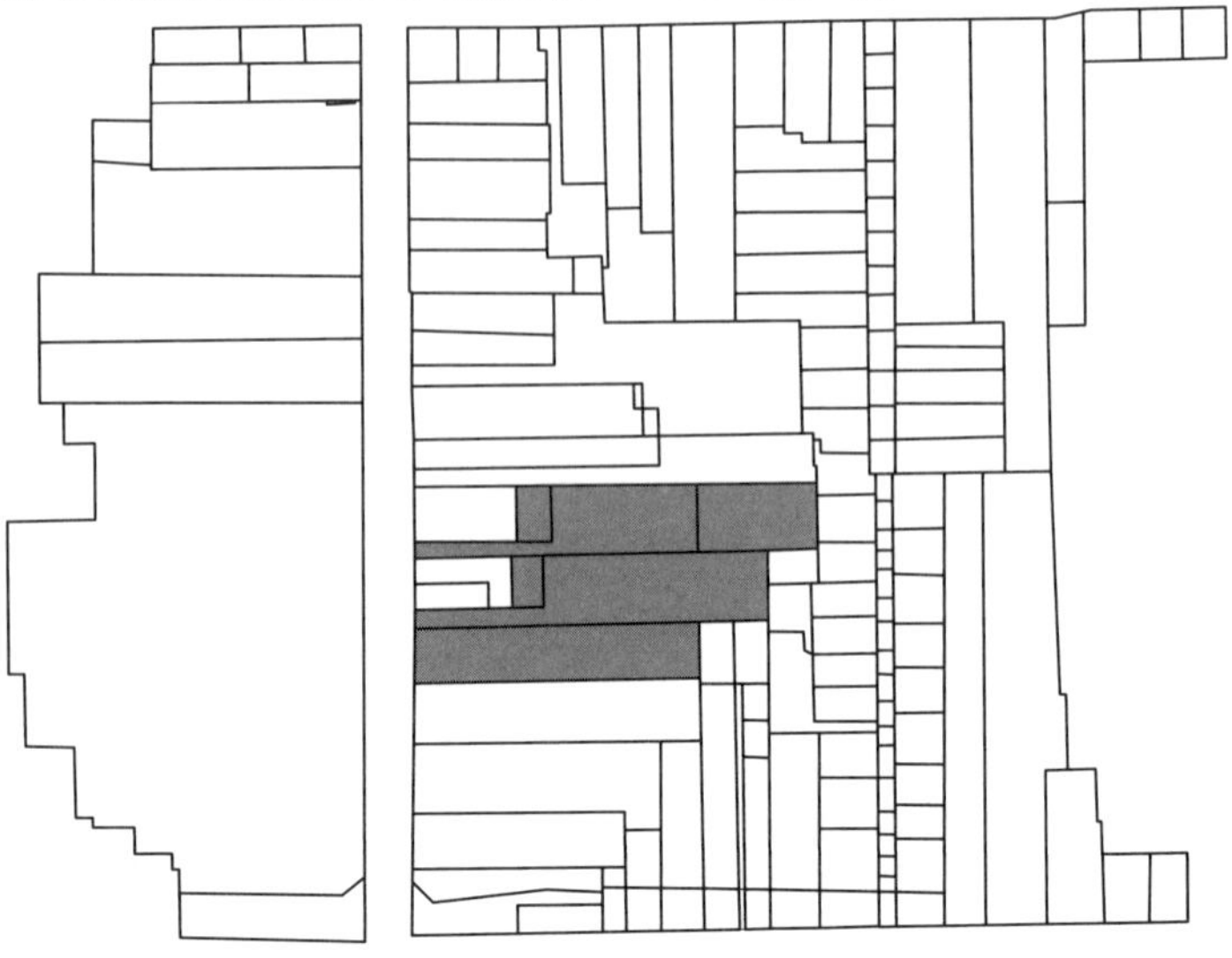

業者との仕事の進め方は手探りから始まり、プロジェクトをやり遂げる度にお互いの役割はどんどん洗練されていった。彼らは、我々がどこを得意とするか理解してくれるし、そこを期待し、利用してくれる。その後、現在までに竣工した町家や長屋の改修プロジェクトは30を超える。今では他の不動産事業者とも、お互い適切な役割を担いつつ協働でプロジェクトに取り組んでいる。

路地奥の長屋改修――地割の保全

京都には、オモテの街路には面さずに、街路からさらに路地を奥に入ったところに建つ長屋も数多く残存する。長屋の多くは老朽化が甚だしいが、路地奥の敷地は建築基準法上の接道条件を満たしておらず、再建築が不可能である。京都では町家やマンション、テナントビルなどが入り混じり、町家だけが建ち並ぶ街並み景観が実はあまり残されていない。しかし路地奥では「再建不可」がために長屋だけが建ち並ぶ街並み景観がいまだ残されている。路地に1歩入ると、まるで別世界に迷い込んでしまったかのような錯覚に陥ることがある。ややもすると単調に感じがちなグリッドパターンで形成された京都の都市空間に路地は奥行を与える。ただしこのような「再建不可」の敷地でも、隣の接道する敷地に合筆されると、たちまち大きな敷地となり、そこにマンションが建てられる。京都のそここで起こっている現象だ。つまり「再建不可」の敷地に建つ長屋の改修は、建物

〈頭町の住宅〉路地奥に建つ3軒の長屋を1軒の住宅に改修（© 池井健）

単体の保全にとどまらず、街並み保全、路地や路地奥の地割の保全、そしてマンション建設の抑制につながる。さらに「再建不可」物件は土地値も安いため、富裕でない若年層などの中心市街居住を促進させるポテンシャルを持つ。また京都においても空家対策が危急の課題であるが、空家に新しい居住者が入居しても、それ以前に居住していた住宅が新たに空家になってしまっていては空家の数は減らない。〈頭町の住宅〉や〈永倉町の住宅〉では路地奥の3軒の長屋を1軒の住宅に改修することにより、そのような空家の玉突き現象も防いでいる。

このように、京都特有の伝統的に変容してきた地割りについて常に考えているが、これは町家や長屋の改修に限らず、旧市街に建売住宅や集合住宅を新築する際も変わらない。

(前頁)〈永倉町の住宅〉改修前の現場。路地奥で腐朽しかかった長屋

〈永倉町の住宅〉
(© 笹倉洋平)

シェアハウスへの用途変更——大型町家の保全

2011年には〈東福寺のシェアハウス〉が竣工した。これは職住共存で大家族居住のため本来規模の大きいものが多い町家を居住用途として活用するための提案である。従来、規模の大きな町家は店舗として大幅に改修され、その大胆な改修のために店舗閉店後の再活用が困難になり、商業ビルや集合住宅に建て替えられてしまう事態が頻発していた。規模の大きな町家を住居として活用する新たな選択肢をつくりたいと考えた。

共同住宅や寄宿舎と異なり、シェアハウスという用途は建築基準法に明記されていない。〈東福寺のシェアハウス〉は、市役所や消防署との協議により、用途は住宅であると認めてもらい、用途変更せずに実現された。共同住宅や寄宿舎といった特殊建築物への用途変更となると、現行法への遡及がかかり、たとえばいい具合に経年変化した既存の天井板を不

燃処理の施された新しい板に取り替えなければならないなど、町家のよさが損なわれるかたちでの改修が余儀なくされてしまうのだ。

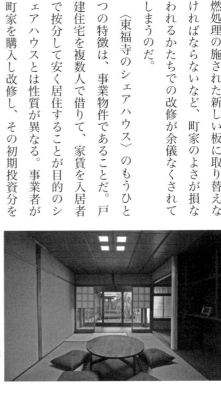

〈東福寺のシェアハウス〉のもうひとつの特徴は、事業物件であることだ。戸建住宅を複数人で借りて、家賃を入居者で按分して安く居住することが目的のシェアハウスとは性質が異なる。事業者が町家を購入し改修し、その初期投資分を改修後の家賃で回収する仕組みである。前者であれば、老朽化した建物を居住者などが補修しつつ、どうにか延命させるようなかたちにならざるを得ないが、後者であれば、10年、20年スパンでの事業計画により、最初期にコストをかけて構造や断熱性能などの改善が図れる。

〈東福寺のシェアハウス〉規模の大きな町家の活用法として、店舗とは別に住居という選択肢をつくりだすことをテーマとした（© 池井健）

建築家の立場で都市に関わる

現代の京都における都市居住をいかにより豊かなものにするか、行政、研究者、不動産事業者、まちづくりコーディネーターらと議論しつつ、各自が自らの役割を認識する、そんな関係があればいい。そんな議論は研究会のような場や、あるいは、お酒の場でも行われる。たとえば建築家の仕事はモデルとなる建築を提案することだとすると、そのモデルがひろく実現されるためのルールづくりは行政の仕事である。

あるいは建築家の立場からルールづくりに関わることもできるかもしれない。現在、都市居住推進研究会を中心に行政や不動産事業者、大学研究室などと協働し、京都の密集市街地における細街路施策についての提言をまとめている。他にも、町家改修をより合理化するための条例づくりに実務者の立場で関わっている。

行政職員のルールづくりに対する熱意とその能力の高さには、あらためて驚かされる。行政や不動産事業者と、京都という都市について議論し、ともに仕事するのは、刺激的でとてもたのしい。

最近では、不動産事業者や、土地や建物の所有者からの相談を受け、その活用方法から提案することも多い。たとえば、既に改修後の用途が決定された空家改修では、現況に対して適切でないものを設計しなければならないことがおこりうる。空家は活用さえされればなんでもいいわけではない。たとえば、路地奥の生活空間に突然不特定な人間が日替わりで出入りするような一棟貸し簡易宿舎の計画は、あまり好ましいとは思えない。企画の段階から関わることにより、現況にふさわしい活用の仕方から提案できる。

事務所が入居しているビルの前で事務所のメンバーと。左から4人目が筆者

町家から寺社へ

ところで京都の建築資産は町家だけではない。2014年、ある寺院から、本堂の瓦の葺き替えにかかる莫大な費用捻出のために境内をうまく活用する方法はないか、との相談があった。京都は寺社仏閣も有名無名問わず数多く有するが、建物の維持が経済的に困難になってきている寺社が少なくない。廃寺となり跡地にマンションが建設されるようなことも起きている。

我々の事務所では現在、個別の寺社か

ら依頼を受けたり、一般社団法人日本寺社観光協会と協働したりして、寺社の有する魅力的な建物や広大な敷地を活用しつつ建物の維持を図るべく積極的に取り組んでいる。町家改修と同様、個々の寺社の問題としての解決にとどまらず、京都という都市における問題としての解決策を探りたい。

京都という地の利点

　建築を設計するにあたり、魅力的な空間をつくりだすと同時に、そのプロジェクトを社会的に有意なものにしたい。特に京都では後者を重要視しているかもしれない。特殊解ではなく、一般的なモデルとなりうる提案を次々と重ねていきたい。たまたま大学院で京都の都市構造の変容と現況について研究し、京都で仕事し、京都でさまざまな人と議論してきたからこそできる提案があるかもしれない、と少しだけ自負している。

　現在事務所で取り組んでいるプロジェクトの多くは京都での仕事であるが、京都に特化するつもりもない。京都以外でのプロジェクトも進行中だ。京都は地理的にも便利だ。新幹線で東京はもちろん、東北にも九州にも容易に行ける。特急に乗り関西空港を経由して西安までもさほど遠くない。逆に、国内外問わず京都という都市に魅力を感じる人は多く、プロジェクト関係者を招きやすい環境でもある。

　今後も京都を拠点に、地の利点を活かしつつ、引き続き京都での仕事にも京都以外での仕事にも取り組んでいきたい。

僕が浜松から学んだこと

-静岡県 浜松市

辻琢磨

403architecture [dajiba]

浜松市内の事務所
(©kentahasegawa)

最近の出来事

先日、主宰する設計事務所の設立5周年パーティを開いた。集まった顔ぶれは、近所の美容師や中華料理屋の店主、蕎麦屋の女将、近くの大学で建築を学ぶ学生、高校の同級生、同世代のデザイナー、同じ建物に住む友人、近所のクラブでよくＤＪをしているあんちゃんなど、20代から40代まで30人ほど。だいたい1ヶ月に1回は顔を合わせるような距離感の人たちだ。過去にクライアントだった人や同じプロジェクトを経験した仲間もいれば、新しくできたつながりの人もいた。皆思い思いに祝いの品を持ってきてくれ、車座になってよく話し、よく食べ、よく飲んだ。僕自身は頂いた日本酒で酔いつぶれて途中から記憶がほとんどないのだが、ともかくこの5年間で築いた関係の偉大さを実感した夜だった。

浜松との関係

彌田徹、橋本健史と共同で運営する403architecture [dajiba]（以下dajiba）は、静岡県の浜松市を拠点として活動している。僕にとっては地元だが、他の二人にとっては縁もゆかりもない土地である。

浜松は、古くは戦国時代に徳川家康が居城とした浜松城の城下町として、また東海道の真ん中に位置する宿場町として栄えた。江戸後期から明治にかけては遠州綿紬に代表される繊維産業が盛んだったが、第二次世界大戦ではその工場が多くの軍需工場に置き換わったことで空襲の的となり、特に市街地は焼け野原となった。戦後、高度経済成長期に入ると、繊維産業の織機技術と軍事工場の機械金属加工技術を基盤にした自動車産業が街の経済を牽引した。2000年以降は、広域合併によって遠州灘から長野県の南端までの広大なエリアが市域となったが、人口は減少傾向にあり、山間部では限界集落が増加し、あちこちのインフラが老朽化してきている。郊外には大型のショッピングセンターが乱立して市の税収が下がる一方で、30年前の高度経済成長期の恩恵を受けた層が未だに居座る市街地は空洞化が止まらないと、一般的には言われている〝地方都市〟だ。

dajibaを始めた当初は事務所の位置す

工房として利用される立体駐車場

2001年に経営破綻した後、市街地の一等地にもかかわらず10年以上放置されていた旧松菱百貨店

る市街地周辺のプロジェクトが多かったのだが、最近は少しずつプロジェクトのエリアが広がっている。市街地から少し離れた新興住宅地ではRC造住宅のリノベーションを手掛けており、東京で展示の仕事を行うことも多い。また山間部の限界集落では、地元の大学などと連携[*1]して滞在型教育活動にも取り組んでいる。

とはいえ、考える場所はあくまでも自分たちの事務所と、その周りのごく狭い範囲だ。たとえば東京・練馬の住宅の建替計画に際して、旧住宅の廃材を利用した事務所机を制作することになったが、そのモックアップは、近くの立体駐車場に資材を保管しながら事務所の広いベランダでつくっている。この文章も、市街地のまちづくり会社との打ち合わせを終えた後、日系ブラジル人と地元の高校生が集う近所のカフェで書いている。僕は確かにこの街に囲まれながら、建築や建築に関係するものごとについて考えている。

(次頁)浜松の街、戦後つくられた建物群。中央の建物が事務所が入居する「渥美マンション」

浜松へのコンプレックス

僕はこの浜松という場所で高校まで育ち、大学、大学院の6年を横浜国立大学／大学院Y-GSAで過ごし、また戻ってきた。いわゆるUターンである。しかし実のところ、僕の浜松に対する印象というのは、大学で建築や都市について学べば学ぶほど悪くなる一方だった。

というのも、大学では日本の将来像や、資本主義の功罪、それによる日本の都市空間の商品化、市街地の空洞化など、一般的に都市の何が問題で、それに建築がどう向き合っていけるか、その建築家としての態度を学んだのだが、浜松へ帰るたびに、その一般的な都市の問題というものが非常にわかりやすい形で目に飛び込んでくるようになっていったからである。空き家ばかりの市街地、人ではなく車のた

浜信
P

めに計画されたような街路、貧しい自然環境、休日になればショッピングモールへ通う郊外型の生活様式、都市政策に対して積極的ではなく、文化に対する許容力もほとんどない行政や企業……。今思えばかなり穿った見方で浜松を眺めていたが、しだいにわかりやすい社会問題があるのなら解決のための課題も考えやすいだろうと思うようになり、四つを2年間で回る大学院のスタジオの最後をひとまず浜松で考えてみることにした。当時のＹ‐ＧＳＡの校長で建築家の山本理顕さんの「地域社会圏」という課題だった。つまらない地元としてではなく、建築家が向き合うべき都市として、浜松を認識するようになったのは、それがきっかけだった。

Y-GSA山本スタジオでの模型と製図室でのようす

都市の懐へ飛び込む

その後、就職活動もせず大学院の卒業を迎え、何かできないかと悶々と考えているときに、たまたま浜松の建築家の人たちと意気投合し、街を盛り上げるようなイベントをやろうということになった。市街地にある静岡文化芸術大学の学生にも参加してもらって、シンポジウムやワークショップを交えた「浜松建築会議」を開催し、僕は「403architecture」というグループの一員としてディレクションに携わった。このグループは、大学の学部時代にルームナンバー４０３の製図室で時間を共にしたメンバー６人で大学院時代に結成したもので、現在のパートナーである彌田、橋本も一緒だった。ワークショップでは、市内の空き室について

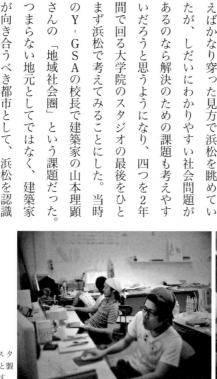

範囲を絞って30名の学生とローラー作戦でリサーチし、実際に空き部屋を1週間程度使うプログラムを実施した。

僕にとってこのイベントは、地元にひっそり根付いていた面白い人や場所を知る良い機会になった。ワークショップで使わせていただいた部屋は、今も何かとつながりのあるカギヤビルという築50年のRCビルや、その斜め向かいにある三展ビルといった古いRC造の共同建築[*2]のなかにあった。三展ビルに店を構える美容師さんは、のちの僕らの最初のクライアントとなった方でもあって、当時はシャワーブースとベッドが持ち込まれ、家と一体化したような彼のお店は少しも美容室らしくなく、これまで機能主義を超えた建築を！　と現代建築の分野で息巻いていた僕は、建築畑ではない浜松の美容師が、仕事も遊びも生活も一緒くたにしながら居心地の良い空間をつくっているという事実に衝撃を受けた。そして、そのような事例はもっとたくさん見つけることができて、そこから多くのことを学べると確信した。そんな、懐に飛び込ませてくれるような都市は、僕にとって初めての存在だった。

独立、街のすべてから学ぶ

浜松建築会議を終え、空き室がたくさんあるこの街ならリノベーションくらいの規模であればなんとなく仕事があるかもしれないと感じ始めていたこともあり、確信に近い直感で今のパートナーの2人を誘い、２０１１年の4月に独立を決めた。もともと、403architecture の6人組のなかでもとりわけよく議論を交わしていた仲で、将来独立するならこの3人がいいなと漠然と思っていたが、想定よりもずっと早くなった。3人とも、どこかで修行を積んだわけではなく、無知そのもので、建築のつくり方はもちろん、見積もりって何？　請求書って何？　確定申告って、というレベルだった。そこで、とにかく全部自分たちでやってみることにした。というより、そうするしかなかった。

4件目のプロジェクトまでは、解体から設計、運搬、施工まで自分たちで取り組んだ。先ほどの美容師さんも含め、浜松でお世話になった初期のクライアントたちは皆、DIYスキルが異様に高かった。だいたい丸鋸とインパクトを持っていて、ちょっとした棚や家具なら自分でつくってしまうほどだったので、彼らに工具を借りて見よう見まねでその使い方を学んだ。壊す作業にも学びは多く、壁を壊しながらその構造を理解し、天井を剥がしながらその仕組みを身体に覚えさせた。

セルフビルドのようす。施工にはたびたび素人の友人も参加してくれた

またある解体工事で軽トラ一杯分の石膏ボードを産廃処理場に引き取ってもらうのに2万5000円支払ったあと、ホームセンターで買える石膏ボードの値段が一枚400円程度だと知ったときは、手に入れるより捨てるほうが高い素材があることに驚いた。これまで自分が学んできたのは、良い建築や良い都市をどう「つくる」かについてばかりで、「壊す」ことや「動かす」ことに対する想像力が完全に欠けていたのを自覚した。

やがて、解体、運搬、製材、施工というセルフビルドのサイクルを繰り返していては「設計事務所」として経営的にまったく成り立たないことが徐々にわかってきて、お願いできる部分は大工につくってもらうようになった。それまでの経

半径300mの円のなかで関わったプロジェクトの場所と、共同建築(*2)のプロット。多数のプロジェクトが入居する三展ビル(A)、カギヤビル(B)、事務所の建物(C)が点在する

験から、合板を真っ直ぐに切ることすら実は難しいということをひしひしと感じていたので、大工の仕事を目の当たりにして、彼らの手際の良さと作業の精度に感動した。

クライアントから、建物から、大工から、本当によく学ばせてもらっている。

建築のつくられ方

この5年で30件ほどのプロジェクトに取り組んできたが、実はまるごと一棟の新築住宅を建てたことも、まったく完結したインテリア空間を実現したこともまだない。大半は非常にささやかなプロジェクトだ。ほとんどの仕事の依頼が施主の知り合いから人づてに続いていったこともあり、街の緩やかなネットワークを反映するような形で、プロジェクトが市街地の徒歩圏内にまとまって立ち上がることになった。同じ建物のなかで複数竣工するほど一定の範囲に集中しているので、20分もあれば10件ほどプロジェクトを回ることができるが、ツアーをすると、現場だけを見て回るというよりも、施主と話したり、道中の風景を楽しんだりと、浜松の人や街全体を体験するようなものとなる。

また、これまでのdajibaのプロジェクトの特徴は、賃貸住宅の一室の床〈渥美の床〉、美容室の休憩スペース〈三展の格子〉、中古家具屋の倉庫〈頭陀寺の壁〉、新たにスタジオにゲストルームを付加する際のロフトスペース〈鍵屋の階段〉など、部分的な提案が多いことにある。建築は、予算や施主の要望、構造、素材、環境要件など複雑に絡み合った条件のなかでつくられるが、これまでの仕事は、プロジェクトごとに異なるそうした条件を見極め、そのプロジェクトでしか達成し得ないことを実践してきた結果だ。圧倒的な低予算、廃材や農業用資材の利用とそうした建材の運搬方法、設計者自身や素人による

(上) カギヤビル (©kentahasegawa)
(下) 〈渥美の個室〉最小限の個室と事務所スペースからなる (©kentahasegawa)

施工、事務所と現場の距離感や素材の生産地への眼差しまで、ときには一般的に建築をつくるための条件と見なされないものまで、建築をつくるための重要な要素として積極的に取り入れた結果、部分的な提案が実現していった。このように、建築をつくるための文脈（＝コンテクスト）をなるべく広げるということは、自分たちの活動の大きなテーマになっている。

富を使い倒す

いきなり社会に飛び出してもどうにかこうにか生きてこられたのは、特に市街地に蓄積してきた歴史や知性のさまざまな恩恵を、多方面から集中して受けることができたからだ。富が歴史的に集中してきた市街地の懐に飛び込んだからこそ得られた高度経済成長期の名残を、自分たちにとっての価値に変え、活動の原動力にしてきたということである。駅から

BOOKS
Nawshop
9−11を除く

徒歩5分の好立地でありながら家賃が5万円の事務所を見つけ、3人の居住スペース兼オフィスとして改修できたこと、権利関係が複雑なために放置されて不動産価値がなくなった共同建築の空き室にプロジェクトを数多く展開できたこと、空きが目立つ立体駐車場の上層階を工房やイベントスペースとして利用させてもらえたこと、若い自分にもまちづくり会社の仕事を任せてもらえたことなど、挙げればきりがない。

中心市街地のなかに生活や仕事に関わる場所が集中していることにも助けられている。まず通勤時間はかからないし、現場が徒歩圏内にあるので1日に何度でもチェックに行ける。事務所にキッチンがあるから自炊もできる。すぐ近くにインパクトや丸鋸を貸してくれる人がいて、ライブや展示などのイベントに顔を出せば、新しい人と出会うことができる。そこで暮らしているだけで、どういう人がこの街にいて、どういう建築がこの街に多いのかが身体的にわかってくる。生きること自体が、都市のリサーチとして機能するのだ。

渦としてのプロジェクト

そのような環境で生まれる自分たちのプロジェクトは、水の流れのなかにできる渦のようなものだとよく感じる。渦というのは渦だけでは存在できず、周りの流れと依存関係にあり、そしてどこまでが渦なのかを判別できない。自分たちのプロジェクトもまた、そのプロジェクトだけで自立させることはできず、周囲の物理的な環境に依存することがある。また資材がどこから来たのかにまで遡ってトレースし、その連続性自体をプロジェクトとして捉えることもあるように、今目の前にある構築物だけを指して、「これ」が自分たちのプロジェクトだとはっきりと指摘することが難しい。

〝時間〟は〝流れる〟と表現されるように、流れというのは常に時間を含む概念であるし、そもそも都市というものはさまざまな流動体の集合で、建築という固定的な物体であっても、自分はあくまでもその流れのなかで〝たまたま止まっている状態〟として、建築やプロジェクトを捉えているということである。そのような感覚で浜松という具体的な場所から建築を考えていると、流れのなかの渦のように自分たちの活動やプロジェクトのあらゆる影響が切れ目なくどこまでも広がっていくような気がしてくる。

想像力の射程、建築の大きさ

事務所を始めた当初、少し苦い経験があった。自分で企画した建築のレクチャーが、お世話になっている蕎麦屋さんで行われることになっていたライブの日程と重なって集客の取り合いになってしまい、せっかくのイベントが共倒れになりかけてしまったのだ。自分は街のために良かれと思ってイベントを企画したのだが、蕎麦屋さんの立場での想像力と情報共有が欠けていたのが仇となった。この反省を機に、ひとつの行為が及ぼす影響にできる限り想像力を働かせようと心がけるようになった。自分の言動は必ず誰かに影響を与えるという前提に立って振舞う心構えや、誰も不快にさせないような判断の仕方については、商売人の兄たちから学ぶことが多い。たとえば、美容師の林さんは、自分でＤＩＹも裁縫も車いじりもサーフィンも、何でもできるのに、よくいろいろな人にものを借りたり、頼んだりする。僕らもたまに犬の散歩や工具の貸し借りをお願いされる。それは僕らが次に林さんに何か気を使わずにお願いする貸しになるし、定期的にコミュニケーションをとるきっかけにもなる。実感できるネットワークのなかで、スキルを自然と共有でき、お互いの価値を認めることができる。

(次頁右上)〈渥美の床〉天井を解体して出た野縁材を細かく切断し、床に敷き詰めた（©kentahasegawa）
(同右下)〈三展の格子〉同じ建物の屋上にあった木造のロフトを解体し転用した（©kentahasegawa）

同じようなことを、建築についても考えるようになった。ひとつの敷地のなかだけを考えていても、建築全体の広がりにはつながっていかない。敷地内にだけ、浜松にだけ、あるいは自分にだけ、現在にだけ向けられていた想像力を、他の場所や人間や時間にも向けることが大切だ。浜松の市街地がにぎわっていても、その人たちがやってきた郊外や周辺の地域は寂れているかもしれない。移住者が増えて浜松の人口が増えていても、彼らがもともと住んでいたどこかの都市の人口は減っているかもしれない。日本の経済が上向いたとしても、その成長の裏には発展途上国の疲弊があるかもしれない。自分のことだけを考え、自分だけがよければいいという、競争を促す価値に基づいて建築はつくられてはいけないと思うのである。そのような価値観によってつくられる建築は、そのクライアントやブランドが他と決定的に違うことを現し、周辺と関係なくつくられる

（前頁左上）〈頭陀寺の壁〉運送用パレットを用いて構造壁を制作した（©kentahasegawa）
（同左下）〈鍵屋の階段〉東海道を見下ろせるゲストルームのためのロフトスペース（©kentahasegawa）

孤立した彫刻となる。このとき、建築は、新たに違いをつくり出すための道具となる。

一方で、街に飛び込んで建築を考え、つくり、その影響を考えるということは、自分や、自分が設計した建築（に関わる人たちも）が街に確かに参加しているという実感につながる。僕らは、浜松で誰からも先生と呼ばれたことがないし、建築家として認識すらされていないかもしれない。皆、僕を「辻くん」と呼ぶし、僕も周りの人たちを名前で呼ぶ。職業より先に、相互の固有性が認められているのだ。そのような固有性が認められるような生き方、それを建築によって提示することが、僕の役割だと感じる。僕にとっての建築はあくまで、違いを〝認める〟ための道具なのである。

そして同時に、建築の価値、あるいは建築という考え方はもっと広く、大きく、さまざまな他者への想像力を受け入れられると僕は考えている。その建

築の大きさを実現するための、地域の懐への入り方というものを、懐に飛び込んでみえる想像力の射程を、そして建築の大きささそれ自体を、僕は浜松から学んだのである。

〈注〉

＊1　教育普及グループ「Untenor」、建築設計やイベントの企画運営を手がける「＋tic」、ウェブデザイナーの「planpot」らが参画している。

＊2　戦後普及した建物の形式。複数の土地所有者が共同で建物を建て替えることで経済性と耐久性を確保できたが、複雑な権利関係によって、現在は建て替えが進んでいないものも多い。

あとがき

２０１４年に筆者は二つの展覧会を企画した。ひとつは16の珠玉の作品を紹介する「戦後日本住宅伝説」展である。場所に注目すると、釧路の反住器、愛知の幻庵、大阪の住吉の長屋以外、すべて東京だった。菊竹清訓のスカイハウスや東孝光による塔の家など、改めて、東京中心に住宅建築史が形成されていたことに驚かされた。もちろん、所在地で作品を選んだわけではない。一方、コミュニティデザイナーの山崎亮とともにゲストキュレーターをつとめた「3・11以後の建築」展（学芸出版社から書籍化）は、社会との関係をテーマに掲げたが、建築家を決定した後にエリアを確認すると、ほとんどが地方のプロジェクトだった。約25組の建築家が参加していたが、東京のプロジェクトを紹介しているのは、わずか3組である。そもそも東京でとりあげた事例も、いわゆるアトリエ系の建築「作品」ではない。筆者も関西を拠点とする山崎も、東京中心で動いていないからなのかもしれないが、おそらく偶然ではない。高度経済成長期やバブル期を終えた現在、東京以外の場所に新しい課題と可能性が生まれているのではないか。なお、２０１６年、ヴェネツィアビエンナーレ国際建築展の日本館は、「3・11以後の建築」展のセレクションとかなりかぶるメンバーだったが、特別表彰を受賞している。

近年、コミュニティデザインが注目されているのも、地方の諸問題に向きあっているからだろう。美術の分野でも、ソーシャリー・エンゲージド・アート、あるいは参加型アートの動向が目立ち、日本では芸術祭の興隆とともに、オブジェの制作よりも人々の関係性を重視する「地域アート」が増えている。筆者はリレーショナル・アートに引っかけて、「3・11以後の建築」展で紹介したような活動をリレーショナル・アーキテクチャーと仮に命名した。むろん、地方だからといってなんでも良いわけではない。旧来の「建築」がそうであったように、互いに切磋琢磨し、知見を蓄積・共有し、向上していくために、批評や評価基準が必要になるだろう。この本がその足がかりになれば、幸いである。

本書の企画は学芸出版社の井口夏実さんの提案を受けて始まり、筆者と議論しながら、内容や執筆者を決めていった。彼女がいなければ、この本は実現しなかった。この場を借りて、御礼を申し上げます。また寄稿を快諾していただいた執筆者にも感謝したい。筆者自身、知人の原稿だとしても、初めて知ることが多く、いずれも示唆に富み、さらなる思考の契機となった。そして学芸出版社の松本優真さんには、編集の実務面でサポートいただいた。ありがとうございます。多くの方の協力によって、本書は単なる地方の建築家のカタログではないものに仕上がった。建築というスキルを通じて、それぞれの場所の力を切り開くと同時に、各自の潜在的な力も引きだす生き方の指南書になったと思う。

2016年7月

五十嵐太郎

地方で建築を仕事にする
日常に目を開き、耳を澄ます人たち

2016年9月 5日　初版第1刷発行

編　者…………五十嵐太郎
発行者…………前田裕資
発行所…………株式会社 学芸出版社
京都市下京区木津屋橋通西洞院東入
電話 075－343－0811　〒600－8216
装　丁…………フジワキデザイン
印　刷…………イチダ写真製版
製　本…………新生製本

ISBN 978－4－7615－2627－6